CHRISTIAN FÜRCHTEGOTT GELLERT

DIE ZÄRTLICHEN SCHWESTERN

EIN LUSTSPIEL VON DREI AUFZÜGEN

IM ANHANG:
CHASSIRONS UND GELLERTS ABHANDLUNGEN
ÜBER DAS RÜHRENDE LUSTSPIEL

HERAUSGEGEBEN VON
HORST STEINMETZ

PHILIPP RECLAM JUN. STUTTGART

Universal-Bibliothek Nr. 8973 [2]
Alle Rechte vorbehalten. © Philipp Reclam jun. Stuttgart 1965
Gesetzt in Petit Garamond-Antiqua. Printed in Germany 1975
Herstellung: Reclam Stuttgart
ISBN 3-15-008973-5

PERSONEN

Cleon

Der Magister, *sein Bruder*

Lottchen, *Cleons älteste Tochter*

Julchen, *dessen jüngste Tochter*

Siegmund, *Lottchens Liebhaber*

Damis, *Julchens Liebhaber*

Simon, *Damis' Vormund*

ERSTER AUFZUG

ERSTER AUFTRITT

Cleon. Lottchen.

Lottchen. Lieber Papa, Herr Damis ist da. Der Tee ist schon in dem Garten, wenn Sie so gut sein und hinuntergehen wollen?

Cleon. Wo ist Herr Damis?

Lottchen. Er redt mit Julchen.

Cleon. Meine Tochter, ist dir's auch zuwider, daß ich den Herrn Damis auf eine Tasse Tee zu mir gebeten habe? Du merkst doch wohl seine Absicht. Geht dir's auch nahe? Du gutes Kind, du dauerst mich. Freilich bist du älter als deine Schwester und solltest also auch eher einen Mann kriegen. Aber ...

Lottchen. Papa, warum bedauern Sie mich? Muß ich denn notwendig eher heiraten als Julchen? Es ist wahr, ich bin etliche Jahre älter; aber Julchen ist auch weit schöner als ich. Ein Mann, der so vernünftig, so reich und so galant ist als Herr Damis und doch ein armes Frauenzimmer heiratet, kann in seiner Wahl mit Recht auf diejenige sehen, die die meisten Annehmlichkeiten hat. Ich mache mir eine Ehre daraus, mich an dem günstigen Schicksale meiner Schwester aufrichtig zu vergnügen und mit dem meinigen zufrieden zu sein.

Cleon. Kind, wenn das alles dein Ernst ist: so verdienst du zehn Männer. Du redst fast so klug als mein Bruder und hast doch nicht studiert.

Lottchen. Loben Sie mich nicht, Papa. Ich bin mir in meinen Augen so geringe, daß ich sogar das Lob eines Vaters für eine Schmeichelei halten muß.

Cleon. Nun, nun, ich muß wissen, was an dir ist. Du hast ein Herz, dessen sich die Tugend selbst nicht schämen dürfte. Höre nur ...

Lottchen. Oh, mein Gott, wie demütigen Sie mich! Ein Lobspruch, den ich mir wegen meiner[1] Größe nicht

---

1. Im Gegensatz zur Erstausgabe heißt es in allen späteren Ausgaben ‚seiner‘.

zueignen kann, tut mir weher als ein verdienter Verweis.

Cleon. So bin ich nicht gesinnt. Ich halte viel auf ein billiges Lob, und ich wegere mich keinen Augenblick, es anzunehmen, wenn ich's verdiene. Das Lob ist ein Lohn der Tugend, und den verdienten Lohn muß man annehmen. Höre nur, du bist verständiger als deine Schwester, wenn jene gleich schöner ist. Rede ihr doch zu, daß sie ihren Eigensinn fahrenläßt und sich endlich zu einem festen Bündnisse mit dem Herrn Damis entschließt, ehe ich als Vater ein Machtwort rede. Ich weiß nicht, wer ihr den wunderlichen Gedanken von der Freiheit in den Kopf gesetzet hat.

Lottchen. Mich deucht, Herr Damis ist Julchen nicht zuwider. Und ich hoffe, daß er ihren kleinen Eigensinn leicht in eine beständige Liebe verwandeln kann. Ich will ihm dazu behülflich sein.

Cleon. Ja, tue es, meine Goldtochter. Sage Julchen, daß ich nicht ruhig sterben würde, wenn ich sie nicht bei meinem Leben versorgt wüßte.

Lottchen. Nein, lieber Papa, solche Bewegungsgründe zur Ehe sind wohl nicht viel besser als die Zwangsmittel. Julchen hat Ursachen genug in ihrem eigenen Herzen und in dem Werte ihres Geliebten, die sie zur Liebe bewegen können; diese will ich wider ihren Eigensinn erregen und sie durch sich selbst und durch ihren Liebhaber besiegt werden lassen.

Cleon. Gut, wie du denkst. Nur nicht gar zu lange nachgesonnen. Rühme den Herrn Damis. Sage Julchen, daß er funfzigtausend Taler bares Geld hätte und ... Arme Tochter! es mag dir wohl weh tun, daß deine Schwester so reich heiratet. Je nun, du bist freilich nicht die Schönste; aber der Himmel wird dich schon versorgen. Betrübe dich nicht.

Lottchen. Der Himmel weiß, daß ich bloß deswegen betrübt bin, weil Sie mein Herz für so niedrig halten, daß es meiner Schwester ihr Glück nicht gönnen sollte. Dazu gehört ja gar keine Tugend, einer Person etwas zu gönnen, für welche das Blut in mir spricht. Kommen Sie, Papa, der Tee möchte kalt werden.

C l e o n. Du brichst mit Fleiß ab, weil du dich fühlst. Sei gutes Muts, mein Kind. Ich kann dir freilich nichts mitgeben. Aber solange ich lebe, will ich alles an dich wagen. Nimm dir wieder einen Sprachmeister, einen Zeichenmeister, einen Klaviermeister und alles an. Ich bezahle, und wenn mich der Monat funfzig Taler käme. Du bist es wert. Und höre nur, dein Siegmund, dein guter Freund, oder wenn du es lieber hörst, dein Liebhaber, ist freilich durch den unglücklichen Prozeß seines seligen Vaters um sein Vermögen gekommen; aber er hat etwas gelernt und wird sein Glück und das deine gewiß machen.

L o t t c h e n. Ach lieber Papa, Herr Siegmund ist mir itzt noch ebenso schätzbar als vor einem Jahre, da er viel Vermögen hatte. Ich weiß, daß Sie unsere Liebe billigen. Ich will für die Verdienste einer Frau sorgen, er wird schon auf die Ruhe derselben bedacht sein. Er hat so viel Vorzüge in meinen Augen, daß er sich keine Untreue von mir befürchten darf, und wenn ich auch noch zehn Jahre auf seine Hand warten sollte. Wollen Sie mir eine Bitte erlauben: so lassen Sie ihn heute mit uns speisen.

C l e o n. Gutes Kind, du wirst doch denken, daß ich ihn zu deinem Vergnügen habe herbitten lassen. Er wird nicht lange sein.

(Siegmund tritt herein, ohne daß ihn Lottchen gewahr wird.)

L o t t c h e n. Wenn ihn der Bediente nur auch angetroffen hat. Ich will selber ein paar Zeilen an ihn schreiben. Ich kann ihm und mir keine größere Freude machen. Er wird gewiß kommen und den größten Anteil an Julchens Glücke nehmen. Er hat das redlichste und zärtlichste Herz. Vergeben Sie mir's, daß ich so viel von ihm rede.

C l e o n. Also hast du ihn recht herzlich lieb?

L o t t c h e n. Ja, Papa, so lieb, daß, wenn ich die Wahl hätte, ob ich ihn mit einem geringen Auskommen oder den Vornehmsten mit allem Überflusse zum Manne haben wollte, ich ihn allemal wählen würde.

C l e o n. Ist's möglich? Hätte ich doch nicht gedacht, daß du so verliebt wärest.

L o t t c h e n. Zärtlich, wollen Sie sagen. Ich würde unruhig sein, wenn ich nicht so zärtlich liebte, denn dies
ist es alles, wodurch ich die Zuneigung belohnen kann,
die mir Herr Siegmund vor so vielen andern Frauen-
zimmern geschenkt hat. Bedenken Sie nur, ich bin nicht
schön, nicht reich, ich habe sonst keine Vorzüge als
meine Unschuld, und er liebt mich doch so vollkommen, als wenn ich die liebenswürdigste Person von der
Welt wäre.
C l e o n. Aber sagst du's ihm denn selbst, daß du ihn so
ausnehmend liebst?
L o t t c h e n. Nein, so deutlich habe ich es ihm nie gesagt. Er ist so bescheiden, daß er kein ordentliches Bekenntnis der Liebe von mir verlangt. Und ich habe
tausendmal gewünscht, daß er mich nötigen möchte,
ihm eine Liebe zu entdecken, die er so sehr verdienet.
C l e o n. Du wirst diesen Wunsch bald erfüllt sehen.
Siehe dich um, mein liebes Lottchen.

ZWEITER AUFTRITT

Cleon. Lottchen. Siegmund.

L o t t c h e n. Wie? Sie haben mich reden hören?
S i e g m u n d. Vergeben Sie mir, mein liebes Lottchen.
Ich habe in meinem Leben nichts Vorteilhafters für
mich gehört. Ich bin vor Vergnügen ganz trunken, und
ich weiß meine Verwegenheit mit nichts als mit meiner
Liebe zu entschuldigen.
L o t t c h e n. Eine bessere Fürsprecherin hätten Sie nicht
finden können. Haben Sie alles gehört? Ich habe es
nicht gewußt, daß Sie zugegen wären; um desto aufrichtiger ist mein Bekenntnis. Aber wenn ich ja auf
den Antrieb meines Papas einen Fehler habe begehen
sollen: so will ich ihn nunmehr für mich allein begehen: Ich liebe Sie. Sind Sie mit dieser Ausschweifung
zufrieden?
S i e g m u n d. Liebstes Lottchen, meine Bestürzung mag
Ihnen ein Beweis von der Empfindung meines Herzens
sein. Sie lieben mich? Sie sagen mir's in der Gegenwart

Ihres Papas? Sie? mein Lottchen! Verdiene ich dies?
Soll ich Ihnen antworten? und wie? O lassen Sie mich
gehen und zu mir selber kommen.

C l e o n. Sie sind ganz bestürzt, Herr Siegmund. Vielleicht tut Ihnen meine Gegenwart einigen Zwang an.
Lebt wohl, meine Kinder, und sorgt für Julchen. Ich
will mit dem Herrn Damis reden.

DRITTER AUFTRITT

Lottchen. Siegmund.

S i e g m u n d. Wird es Sie bald reuen, meine Geliebte,
daß ich so viel zu meinem Vorteile gehört habe?

L o t t c h e n. Sagen Sie mir erst, ob Sie so viel zu hören
gewünscht haben.

S i e g m u n d. Gewünscht habe ich's tausendmal; allein,
verdiene ich so viele Zärtlichkeit?

L o t t c h e n. Wenn mein Herz den Ausspruch tun darf:
so verdienen Sie ihrer weit mehr.

S i e g m u n d. Nein, ich verdiene Ihr Herz noch nicht;
allein ich will mich zeitlebens bemühen, Sie zu überführen, daß Sie es keinem Unwürdigen geschenkt
haben. Wie edel gesinnt ist Ihre Seele! Ich verlor als
Ihr Liebhaber mein ganzes Vermögen, und mein Unglück hat mir nicht den geringsten Teil von Ihrer Liebe
entzogen. Sie haben Ihre Gewogenheit gegen mich ver-
mehrt und mir durch sie den Verlust meines Glücks
erträglich gemacht. Diese standhafte Zärtlichkeit ist ein
Ruhm für Sie, den nur ein erhabenes Herz zu schätzen
weiß. Und ich würde des Hasses der ganzen Welt
wert sein, wenn ich jemals aufhören könnte, Sie zu
lieben.

L o t t c h e n. Ich habe einen Fehler begangen, daß ich
Sie so viel zu meinem Ruhme habe sagen lassen. Aber
Ihr Beifall ist mir gar zu kostbar, als daß ihn meine
Eigenliebe nicht mit Vergnügen anhören sollte. Sie
können es seit zwei Jahren schon wissen, ob ich ein redliches Herz habe. Welche Zufriedenheit ist es für mich,
daß ich ohne den geringsten Vorwurf in alle die ver-

gnügten Tage und Stunden zurücksehen kann, die ich
mit Ihnen, mit der Liebe und der Tugend zugebracht
habe!

S i e g m u n d. Also sind Sie vollkommen mit mir zufrieden, meine Schöne? O warum kann ich Sie nicht
glücklich machen! Welche Wollust müßte es sein, ein
Herz, wie das Ihrige ist, zu belohnen, da mir die bloße
Vorstellung davon schon so viel Vergnügen gibt! Ach,
liebstes Kind, Julchen wird glücklicher, weit glücklicher
als Sie, und . . .

L o t t c h e n. Sie beleidigen mich, wenn Sie mehr reden.
Und Sie beleidigen mich auch schon, wenn Sie es denken. Julchen ist nicht glücklicher, als ich bin. Sie habe
ihrem künftigen Bräutigam noch soviel zu danken: so
bin ich Ihnen doch ebensoviel schuldig. Durch Ihren
Umgang, durch Ihr Beispiel bin ich zärtlich, ruhig und
mit der ganzen Welt zufrieden worden. Ist dieses kein
Glück: so muß gar keins in der Welt sein. Aber, mein
liebster Freund, wir wollen heute zu Julchens Glücke
etwas beitragen. Sie liebt den Herrn Damis und weiß
es nicht, daß sie ihn liebt. Ihr ganzes Bezeigen versichert mich, daß der prächtige Gedanke, den sie von
der Freiheit mit sich herumträgt, nichts als eine Frucht
der Liebe sei. Sie liebt; aber die verdrüßliche Gestalt,
die sie sich vielleicht von der Ehe gemacht hat, um-
nebelt ihre Liebe. Wir wollen diese kleinen Nebel vertreiben.

S i e g m u n d. Und wie? mein liebes Kind. Ich gehorche
Ihnen ohne Ausnahme. Herr Damis verdient Julchen,
und sie wird eine recht liebenswürdige Frau werden.

L o t t c h e n. Hören Sie nur. Doch hier kömmt Herr
Damis.

VIERTER AUFTRITT

Die Vorigen. Damis.

L o t t c h e n. Sie sehen sehr traurig aus, mein Herr
Damis.

D a m i s. Ich habe Ursache dazu. Anstatt, daß ich
glaubte, Julchen heute als meine Braut zu sehen: so

merke ich, daß noch ganze Jahre zu diesem Glücke nötig sind. Je mehr ich ihr von der Liebe vorsage, desto unempfindlicher wird sie. Und je mehr sie sieht, daß meine Absichten ernstlich sind, desto mehr mißfallen sie ihr. Ich Unglücklicher! Wie gut wäre es für mich, wenn ich Julchen weniger liebte!

Lottchen. Lassen Sie sich ihre kleine Halsstarrigkeit lieb sein. Es ist nichts als Liebe. Eben weil sie fühlt, daß ihr Herz überwunden ist: so wendet sie noch die letzte Bemühung an, der Liebe den Sieg sauer zu machen. Wir brauchen nichts, als sie dahin zu bringen, daß sie sieht, was in ihrem Herzen vorgeht.

Damis. Wenn sie es aber nicht sehen will?

Lottchen. Wir müssen sie überraschen und sie, ohne daß sie es vermutet, dazu nötigen. Der heutige Tag ist ja nicht notwendig Ihr Brauttag. Glückt es uns heute nicht: so wird es ein andermal glücken. Es kömmt bloß darauf an, meine Herren, ob Sie sich meinen Vorschlag wollen gefallen lassen.

Siegmund. Wenn ich zu des Herrn Damis Glücke etwas beitragen kann, mit Freuden.

Damis. Ich weiß, daß Sie beide großmütig genug darzu sind. Und mir wird nichts in der Welt zu schwer sein, das ich nicht für Julchen wagen sollte.

Lottchen. Mein Herr Damis, verändern Sie die Sprache bei Julchen etwas. Fangen Sie nach und nach an, ihr in den Gedanken von der Freiheit recht zu geben. Diese Übereinstimmung wird ihr anfangs gefallen und sie sicher machen. Sie wird denken, als ob sie Ihnen deswegen erst gewogen würde, da sie es doch lange aus weit schönern Ursachen gewesen ist. Und in diesem Selbstbetruge wird sie Ihnen ihr ganzes Herz sehen lassen.

Damis. Wollte der Himmel, daß Ihr Rat seine Wirkung täte. Wie glücklich wollte ich mich schätzen!

Lottchen (*zu Siegmunden*). Und Sie müssen dem Herrn Damis zum Besten einen kleinen Betrug spielen und sich gegen Julchen zärtlich stellen. Dieses wird ihr Herz in Unordnung bringen. Sie wird böse auf Sie werden. Und mitten in dem Zorne wird die Liebe

gegen den Herrn Damis hervorbrechen. Tun Sie es auf
meine Verantwortung.

S i e g m u n d. Diese Rolle wird mir sehr sauer werden.

Die Vorigen. Julchen.

J u l c h e n. Da sind Sie ja alle beisammen. Der Papa
wollte gern wissen, wo Sie wären, und ich kann ihm
nunmehro die Antwort sagen. *(Sie will wieder gehn.)*

L o t t c h e n. Mein liebes Julchen, warum gehst du so
geschwind? Weißt du eine bessere Gesellschaft als die
unsrige?

J u l c h e n. Ach nein, meine Schwester. Aber wo Ihr
und Herr Siegmund seid, da wird gewiß von der Liebe
gesprochen. Und ich finde heute keinen Beruf, einer
solchen Versammlung beizuwohnen.

L o t t c h e n. Warum rechnest du denn nur mich und
Herr Siegmunden zu den Verliebten? Was hat dir denn
Herr Damis getan, daß du ihm diese Ehre nicht auch
erweisest?

J u l c h e n. Herr Damis ist so gütig gewesen und hat
mir versprochen, lange nicht wieder von der Liebe zu
reden. Und er ist viel zu billig, als daß er mir sein
Wort nicht halten sollte.

D a m i s. Ich habe es Ihnen versprochen, meine liebe
Mamsell, und ich verspreche es Ihnen vor dieser Gesellschaft zum andern Male. Erlauben Sie mir, daß ich
meine Zärtlichkeit in Hochachtung verwandeln darf.
Die Liebe können Sie mir mit Recht verbieten; aber
die Hochachtung kömmt nicht auf meinen Willen, sondern auf Ihre Verdienste an. Scheun Sie sich nicht mehr
vor mir. Ich bin gar nicht mehr Ihr Liebhaber. Aber
darf ich denn auch nicht Ihr guter Freund sein?

J u l c h e n. Von Herzen gern. Dieses ist eben mein
Wunsch, viele Freunde und keinen Liebhaber zu
haben; mich an einem vertrauten Umgange zu vergnügen, aber mich nicht durch die Vertraulichkeit zu bin-
den und zu fesseln. Wenn Sie mir nichts mehr von der

Liebe sagen wollen: so will ich ganze Tage mit Ihnen umgehen.

L o t t c h e n. Kommen Sie, Herr Siegmund. Bei diesen frostigen Leuten sind wir nichts nütze. Ob wir ihr kaltsinniges Gespräch von der Freundschaft hören oder nicht. Wir wollen zu dem Papa gehen.

SECHSTER AUFTRITT

Julchen. Damis.

J u l c h e n. Ich bin meiner Schwester recht herzlich gut; aber ich würde es noch mehr sein, wenn sie weniger auf die Liebe hielte. Es kann sein, daß die Liebe viel Annehmlichkeiten hat; aber das traurige und eingeschränkte Wesen, das man dabei annimmt, verderbt ihren Wert, und wenn er noch so groß wäre. Ich habe ein lebendiges Beispiel an meiner Schwester. Sie war sonst viel munterer, viel ungezwungener.

D a m i s. Ich habe Ihnen versprochen, nicht von der Liebe zu reden, und ich halte mein Wort. Die Freundschaft scheint mir in der Tat besser.

J u l c h e n. Ja. Die Freundschaft ist das frohe Vergnügen der Menschen und die Liebe das traurige. Man will einander recht genießen, darum liebt man; und man eilt doch nur, einander satt zu werden. Habe ich nicht recht, Herr Damis?

D a m i s. Ich werde die Liebe in Ihrer Gesellschaft gar nicht mehr erwähnen. Sie möchten mir sonst dabei einfallen. Und wie würde es alsdann um mein Versprechen stehen?

J u l c h e n. Sie könnten es vielleicht für einen Eigensinn, oder ich weiß selbst nicht für was für ein Anzeichen halten, daß ich die Liebe so fliehe. Aber nein. Ich sage es Ihnen, es gehört zu meiner Ruhe, ohne Liebe zu sein. Lassen Sie mir doch diese Freiheit. Muß man denn diese traurige Plage fühlen? Nein, meine Schwester irrt: es geht an, sie nicht zu empfinden. Ich sehe es an mir. Aber warum schweigen Sie so stille? Ich rede ja fast ganz allein. Sie sind verdrießlich? O wie gut ist's, daß Sie nicht mehr mein Liebhaber sind! Sonst hätte ich Ursache, Ihnen zu Gefallen auch verdrießlich zu werden.

D a m i s. O nein, ich bin gar nicht verdrießlich.

J u l c h e n. Und wenn Sie es auch wären, und zwar deswegen, weil ich nicht mehr von der Liebe reden will: so würde mir doch dieses gar nicht nahegehen. Es ist mir nicht lieb, daß ich Sie so verdrießlich sehe; aber als Ihre gute Freundin werde ich darüber gar nicht unruhig. O nein! Ich bin ja auch nicht jede Stunde zufrieden. Sie können ja etwas zu überlegen haben. Ich argwohne gar nichts. Ich mag es auch nicht wissen ... Doch, mein Herr, Sie stellen einen sehr stummen Freund vor. Wenn bin ich Ihnen denn so gleichgültig geworden?

D a m i s. Nehmen Sie es nicht übel, meine schöne Freundin, daß ich einige Augenblicke ganz fühllos geschienen habe. Ich habe, um Ihren Befehl zu erfüllen, die letzten Bemühungen angewandt, die ängstlichen Regungen der Liebe völlig zu ersticken und den Charakter eines aufrichtigen Freundes anzunehmen. Die Vernunft hat nunmehr über mein Herz gesiegt. Die Liebe war mir sonst angenehm, weil ich sie Ihrem Werte zu danken hatte. Nunmehr scheint mir auch die Unempfindlichkeit schön und reizend zu sein, weil sie durch die Ihrige in mir erwecket worden ist. Verlassen Sie sich darauf, ich will mir alle Gewalt antun; aber vergeben Sie mir nur, wenn ich zuweilen wider meinen Willen in den vorigen Charakter verfalle. Ich liebe Sie nicht mehr; aber, ach, sollten Sie doch wissen, wie hoch ich Sie schätze, meine englische Freundin!

J u l c h e n. Aber warum schlagen Sie denn die Augen nieder? Darf man in der Freundschaft einander auch nicht ansehen?

D a m i s. Es gehört zu meinem Siege. Wer kann Sie sehen und Sie doch nicht lieben?

J u l c h e n. Sagten Sie mir nicht wieder, daß Sie mich liebten? O das ist traurig! Ich werde über Ihr Bezeigen recht unruhig. Einmal reden Sie so verliebt, daß man erschrickt, und das andere Mal so gleichgültig, als wenn Sie mich zum ersten Male sähen. Nein, schweifen Sie doch nicht aus. Sie widersprechen mir ja stets. Ist dies die Eigenschaft eines guten Freundes? Wir brauchen ja nicht zu lieben. Ist denn die Freiheit nicht so edel als die Liebe?

D a m i s. O es gehört weit mehr Stärke des Geistes zu der Freiheit als zu der Liebe.

J u l c h e n. Das sage ich auch, warum halten Sie mir's denn für übel, daß ich die Freiheit hochschätze, daß ich statt eines Liebhabers lieber zehn Freunde, statt eines einfachen lieber ein mannigfaltiges Vergnügen haben will? Sind denn meine Gründe so schlecht, daß ich darüber Ihre Hochachtung verlieren sollte? Tun Sie den Ausspruch, ob ich bloß aus Eigensinn rede. *(Damis sieht sie zärtlich an.)* Aber warum sehen Sie mich so ängstlich an, als ob Sie mich bedauerten? Was wollen mir Ihre Augen durch diese Sprache sagen? Ich kann mich gar nicht mehr in Ihr Bezeigen finden. Sie scheinen mir das Amt eines Aufsehers und nicht eines Freundes über sich genommen zu haben. Warum geben Sie auf meine kleinste Miene Achtung und nicht auf meine Worte? Mein Herr, ich wollte, daß Sie nunmehr . . .

D a m i s. Daß Sie gingen, wollten Sie sagen. Auch diesen Befehl nehme ich an, so sauer er mir auch wird. Sie mögen mich nun noch so sehr hassen: so werde ich mich doch in Ihrer Gegenwart nie über mein Schicksal beklagen. Ich habe die Ehre, mich Ihnen zu empfehlen.

J u l c h e n. Hassen? Wenn habe ich denn gesagt, daß ich Sie hasse? Ich verstehe diese Sprache. Weil Sie mich nicht lieben sollen, so wollen Sie mich hassen. Dies ist sehr großmütig. Das sind die Früchte der berühmten Zärtlichkeit. Ich werde aber nicht aus meiner Gelassenheit kommen, und wenn Sie auch mit dem kaltsinnigsten Stolze noch einmal zu mir sagen sollten: Ich habe die Ehre, mich Ihnen zu empfehlen. Das ist ja eine rechte Hofsprache.

D a m i s. Es ist die Sprache der Ehrerbietung. *(Er geht ab.)*

SIEBENTER AUFTRITT

Julchen allein.

Wie? Er geht? Aber warum bin ich so unruhig? Ich
liebe ihn ja nicht ... Nein, ich bin ihm nur gewogen.
Es ist doch ein unerträglicher Stolz, daß er mich verläßt. Aber habe ich ihn etwan beleidiget? Er ist ja
sonst so vernünftig und so großmütig ... Nein, nein, er
liebt mich nicht. Es muß Verstellung gewesen sein. Ich
habe heute ein recht mürrisches Wesen. *(Lottchen tritt
unvermerkt herein.)* Wenn ich nur meine Laute hier
hätte, ich wollte ...

ACHTER AUFTRITT

Julchen. Lottchen.

Lottchen. Ich will sie gleich holen, wenn du es haben
willst. Aber, mein Kind, was hast du mit dir allein zu
reden? Es ist ja sonst deine Art nicht, daß du mit der
Einsamkeit sprichst?

Julchen. Wenn hätte ich denn mit mir allein geredet?
Ich weiß nicht, daß ich heute allen so verdächtig vorkomme.

Lottchen. Aber woher wüßte ich's, daß du die Laute
hättest haben wollen, wenn du nicht geredt hättest?
Mich hast du nicht gesehen, liebes Kind, und also mußt
du wohl mit dir selbst geredt haben. Ich dächte es
wenigstens, oder bist du anderer Meinung?

Julchen. Ihr müßt euch alle beredt haben, mir zu
widersprechen.

Lottchen. Wieso? Ich habe dir nicht widersprochen.
Und wenn es Herr Damis getan hat, so kann ich nichts
dafür. Warum ziehst du deine guten Freunde nicht
besser? Er sagte mir im Vorbeigehen, du wärest recht
böse geworden, weil er es etliche Mal versehen und
wider sein Versprechen an die Liebe gedacht hätte.

Julchen. Schwester, ich glaube, Ihr kommt, um Re-
chenschaft von mir zu fordern. Ihr hört es ja, daß ich
mich nicht zur Liebe zwingen lasse.

Lottchen. Recht, Julchen, wenn dir Herr Damis zuwider ist: so bitte ich dich selber, liebe ihn nicht.

Julchen. Was das für ein weiser Spruch ist! Wenn er dir zuwider ist ... Muß man denn einander hassen, wenn man nicht lieben will? Ich habe ja noch nicht gefragt, ob dir dein Herr Siegmund zuwider ist.

Lottchen. Nein, du hast mich noch nicht gefragt. Aber wenn du mich fragen solltest, so würde ich dir antworten, daß ich ihn recht zärtlich, recht von Herzen liebe und mich meiner Zärtlichkeit nicht einen Augenblick schäme. Es gehört weit mehr Hoheit des Gemüts dazu, die Liebe vernünftig zu fühlen, als die Freiheit zu behaupten.

Julchen. Ich möchte vor Verdruß vergehen. Herr Damis hat gleich vorhin das Gegenteil behauptet. Wem soll nun glauben? Nehmt mir's nicht übel, meine Schwester, ich weiß, daß Ihr mehr Einsicht habt als ich; aber erlaubt mir, daß ich meinen Einfall dem Eurigen vorziehe. Und warum kann Herr Damis nicht so gut recht haben als Ihr? Ihr habt ja immer gesagt, daß er ein vernünftiger und artiger Mann wäre.

Lottchen. Das Beiwort artig hätte nicht eben notwendig zu unserer Streitfrage gehört; aber vielleicht gehört diese Vorstellung sonst in die Reihe deiner Empfindungen. Herr Damis ist ganz gewiß verständiger als ich; aber er ist auch ein Mensch wie ich; und der beste Verstand hat seine schwache Seite.

Julchen. Lottchen, also seid Ihr hiehergekommen, um mir zu demonstrieren, daß Herr Damis ein Mensch und kein Engel am Verstande ist? Das glaube ich. Aber, mein liebes Lottchen, Eure Spöttereien sind mir sehr erträglich. Ich könnte Euch leicht die Antwort zurückgeben, daß Euer Herr Siegmund auch unter die armen Sterblichen gehörte; aber ich will es nicht tun. Ihr würdet nur denken, daß ich aus Eigensinn den Herrn Damis verteidigen wollte. Nein, er soll nicht den größten Verstand haben; er soll nicht so galant, nicht so liebenswürdig sein als Euer Siegmund. So habe ich noch eine Ursache mehr, meine Freiheit zu behaupten und ihn nicht zu lieben.

L o t t c h e n. Mein liebes Kind, du kömmst recht in die
Hitze. Du schmälst auf mich und meinen Geliebten,
und ich bleibe dir doch gut. Man kann dich nicht hassen. Du trägst dein gutes Herz in den Augen und auf
der Zunge, ohne daß du daran denkst. Du bist meine
liebe schöne Schwester. Deine kleinen Fehler sind fast
ebenso gut als Schönheiten. Wenigstens kann man sie
nicht begehen, wenn man nicht so aufrichtig ist, wie du
bist. Kind, ich habe diese Nacht einen merkwürdigen
Traum von einer jungen angenehmen Braut gehabt
und ich . . .
J u l c h e n. Ich bitte dich, liebe Schwester, laß mich
allein. Ich bin verdrießlich, recht sehr verdrießlich,
und ich werde es nur mehr, je mehr ich rede.
L o t t c h e n. Bist du etwan darüber verdrießlich, daß ich
in der Heftigkeit ein Wort wider den Herrn Damis . . .?
J u l c h e n. O warum denkst du wieder an ihn? Willst
du mich noch mehr zu Fehlern bringen? Laß ihm doch
seinen schwachen Verstand und mir meinen verdrieß-
lichen Geist und das Glück, einige Augenblicke allein
zu sein. Die ältern Schwestern haben doch immer
etwas an den jüngern auszusetzen.
L o t t c h e n. Ich höre es wohl, ich soll gehen. Gut.
Komm bald nach, sonst mußt du wieder mit dir allein
reden.

NEUNTER AUFTRITT

Julchen. Der Magister.

J u l c h e n. Ist es nicht möglich, daß ich allein sein
kann? Müssen Sie mich notwendig stören? Herr Magister! Sagen Sie mir's nur kurz, was zu Ihren Dien-
sten ist.
D e r M a g i s t e r. Jungfer Muhme, ich will etwas mit
Ihnen überlegen. Vielleicht bin ich wegen meiner
Jahre und meiner Erfahrung nicht ungeschickt dazu.
Ich liebe Sie, und Sie wissen, was der Verstand für
eine unentbehrliche Sache bei allen unsern Handlungen ist.

J u l c h e n. Ja, das weiß ich. Demungeachtet wollte ich
wünschen, daß ich heute gar keinen hätte; vielleicht
wäre ich ruhiger.

D e r M a g i s t e r. Sie übereilen sich. Wer würde uns
das Wahre von dem Falschen, das Scheingut von dem
wahren Gute unterscheiden helfen? Wer würde unsern Willen zu festen und glücklichen Entschließungen bringen, wenn es nicht der Verstand täte? Und
würden Sie wohl so liebenswürdig geworden sein,
wenn Sie nicht immer verständig gewesen wären?

J u l c h e n. Herr Magister, Sie sind ja nicht auf Ihrer
Studierstube. Was quälen Sie mich mit Ihrer Gelehrsamkeit? Ich mag ja nicht so weise sein als Sie. Ich
kann es auch nicht sein, weil ich nicht so viel Geschicklichkeit besitze.

D e r M a g i s t e r. Zu eben der Zeit, da Sie wünschen,
daß sie keine Vernunft haben möchten, beweisen Sie
durch Ihre Bescheidenheit, daß Sie ihrer sehr viel
haben. Ich fordere keine Gelehrsamkeit von Ihnen.
Ich will sogar die meinige vergessen, indem ich mit
Ihnen spreche. Sie sollen heute den Schritt zu Ihrem
Glücke tun. Es scheint aber nicht, daß Sie dazu entschlossen sind. Gleichwohl wünscht es Ihr Herr Vater
herzlich. Ich habe ihm versprochen, Ihnen einige
kleine Vorstellungen zu tun. Und ich wünschte, daß
Sie solche anhören und mir Einwürfe dagegen machen möchten. Dies kann ich, so alt ich bin, doch wohl
leiden. Die Liebe ist eine der schönsten, aber auch der
gefährlichsten Leidenschaften. Sie rächt sich an uns,
wenn wir sie verschmähen; und sie rächt sich auch,
wenn wir uns in unserm Gehorsame übereilen.

J u l c h e n. Sie sind etwas weitläuftig in Ihren Vorstel-
lungen. Allein, Sie sollen ohne Einwurf recht haben.
Lassen Sie mich nur in Ruhe. Mein Verstand ist frei-
lich nicht so stark an Gründen als eine Philosophie.
Dennoch ist er noch immer stark genug für mein
Herz gewesen.

D e r M a g i s t e r. Wissen Sie nicht, daß uns unsere
Leidenschaften am ersten besiegen, wenn sie am ruhig-
sten zu sein scheinen? Das Herz der Menschen ist der

größte Betrüger. Und der Klügste weiß oft selbst
nicht, was in ihm vorgeht. Wir lieben und werden es
zuweilen nicht eher gewahr, als bis wir nicht mehr
geliebt werden. Dieses alles sollen Sie nicht glauben,
weil ich's sage. Nein, weil es die größten Kenner des
menschlichen Herzens, ein Sokrates, ein Plato, ein
Seneca und viele von den neuern Philosophen gesagt
haben.

J u l c h e n. Ich kenne alle diese Männer nicht und verlange sie auch nicht zu kennen. Aber wenn sie so
weise gewesen sind, wie Sie behaupten, so werden sie
wohl auch gesagt haben, daß man ein unruhiges Herz
durch viele Vorstellungen nicht noch unruhiger machen soll. Und ich traue dem Plato und Seneca, und
wie sie alle heißen, so viel Einsicht und Höflichkeit
zu, daß sie Sie bitten würden, mich zu verlassen,
wenn sie zugegen wären. Sobald ich die Leidenschaften und insonderheit die Liebe nicht mehr regieren
kann: so will ich Ihre Philosophie um Beistand an-
sprechen.

D e r   M a g i s t e r. Ihre Aufrichtigkeit gefällt mir, ob
sie mir gleich zu widersprechen scheint. Aber ich
würde mich für sehr unphilosophisch halten, wenn ich
den Widerspruch nicht gelassen anhören könnte. Sie
sollen mich nicht beleidiget haben. Nein! Aber Sie
sagen, Sie sind unruhig. Sollte es itzt nicht Zeit sein,
diese Unruhe durch Überlegung zu dämpfen? Was
verursacht Ihre Unruhe? Ist's der Affekt der Liebe
oder des Abscheus? Der Furcht oder des Verlangens?
Ich wollte wünschen, daß Sie ein anschauendes Erkenntnis davon hätten. Wenn man die Ursache eines
moralischen Übels weiß: so weiß man auch das moralische Gegenmittel. Ich meine es gut mit Ihnen.
Ich rede begreiflich, und ich wollte, daß ich noch deutlicher reden könnte.

J u l c h e n. Ich setze nicht das geringste Mißtrauen
weder in Ihre Aufrichtigkeit noch in Ihre Gelehrsamkeit. Aber ich bin verdrießlich. Ich weiß nicht, was mir
fehlt, und mag es auch zu meiner Ruhe nicht wissen.
Verlassen Sie mich. Sie sind mir viel zu scharfsinnig.

Der Magister. Warum loben Sie mich? Wenn Sie
so viele Jahre der Wahrheit nachgedacht hätten als
ich: so würden Sie vielleicht ebenso helle denken. Un-
terdrücken Sie Ihre Unruhe und überlegen Sie das
Glück, das sich Ihnen heute auf Ihr ganzes Leben
anbietet. Herr Damis verlangt Ihr Herz und scheint
es auch zu verdienen. Was sagt Ihr Verstand dazu?
Auf die Wahl in der Liebe kömmt das ganze Glück
der Ehe an; und kein Irrtum bestraft uns so sehr als
der, den wir in der Liebe begehn. Allein wenn kann
man sich leichter irren als bei dieser Gelegenheit?

Julchen. Ich glaube, daß dieser Unterricht recht gut ist.
Aber was wird er mir nützen, da ich nicht lieben will?

Der Magister. Sie reden sehr hitzig. Dennoch
werde ich nicht aus meiner Gelassenheit kommen. Sie
wollen nicht lieben, nicht heiraten? Aber wissen Sie
denn auch, daß Sie dazu verbunden sind? Soll ich
Ihnen den Beweis aus meinem Rechte der Natur vor-
legen? Sie wollen doch, daß das menschliche Geschlecht
erhalten werden soll? Dieses ist ein Zweck, den uns
die Natur lehrt. Das Mittel dazu ist die Liebe. Wer
den Zweck will, der muß auch das Mittel wollen,
wenn er anders verständig ist. Sehn Sie denn nicht,
daß Sie zur Ehe verbunden sind? Sagen Sie mir nur,
ob Sie die Kraft dieser Gründe nicht fühlen?

Julchen. Ich fühle sie in der Tat nicht. Und wenn die
Liebe nichts ist als eine Pflicht: so wundert mich's, wie
sie so viele Herzen an sich ziehen kann. Ich will un-
gelehrt lieben. Ich will warten, bis mich die Liebe
durch ihren Reiz bezaubern wird.

Der Magister. Jungfer Muhme, das heißt hals-
starrig sein, wenn man die Augen vor den klärsten
Beweisen zuschließt. Wenn Sie erkennen, daß Sie zur
Ehe verbunden sind, wie könnte denn Ihr Wille un-
determiniert bleiben? Ist denn der Beifall im Verstande und der Entschluß im Willen nicht eine und
ebendieselbe Handlung unserer Seele? Warum wollen
Sie sich denn nicht zur Heirat mit dem Herrn Damis
entschließen, da Sie sehen, daß Sie eine Pflicht dazu
haben?

J u l c h e n. Nehmen Sie mir's nicht übel, Herr Magister, daß ich Sie verlasse, ohne von Ihrer Sittenlehre überzeugt zu sein. Was kann ich armes Mädchen dafür, daß ich nicht so viel Einsicht habe als Plato, Seneca und Ihre andern weisen Männer? Machen Sie es mit diesen Leuten aus, warum ich keine Lust zur Heirat habe, da ich doch durch ihren Beweis dazu verbunden bin. Ich habe noch etliche Anstalten in der Küche zu machen.

ZEHNTER AUFTRITT

Der Magister. Cleon.

D e r   M a g i s t e r. Ich habe deiner Tochter Julchen alle mögliche Vorstellungen getan. Ich habe mit der größten Selbstverleugnung mit ihr gesprochen. Ich habe ihr die stärksten Beweise angeführt; aber ...

C l e o n. O hättest du ihr lieber ein paar Exempel von glücklich verheirateten Mädchen angeführt!

D e r   M a g i s t e r. Sie widersprach mir mehr als einmal; aber ich kam nicht aus meiner Gelassenheit. Ich erwies ihr, daß sie verbunden wäre zu heiraten.

C l e o n. Du hast dir viel Mühe geben. Ich denke, wenn ein Mädchen achtzehn Jahre alt ist: so wird sie nicht viel wider diesen Beweis einwenden können.

D e r   M a g i s t e r. Julchen sah alles ein. Ich machte es ihr sehr deutlich. Denn wenn man mit Ungelehrten zu tun hat, die nicht abstrakt denken können: so muß man sich herunterlassen und das Ingenium zuweilen zu Hülfe nehmen.

C l e o n. Aber wie weit hast du Julchen durch deine Gründe gebracht? Will sie den Herrn Damis heiraten? Hat sie denn ihre Herzensmeinung nicht verraten? Ich kann ja den rechtschaffenen Mann nicht länger aufhalten. Er meint es so redlich und hat so viele Verdienste.

D e r   M a g i s t e r. Sie sagte, sie wäre unruhig. Und das war eben schlimm. Denn die Gründe der Philosophie fordern ein ruhiges Herz, wenn sie die Überzeugung wirken sollen. Wenn der Verstand durch die Triebe des Willens bestürmt wird: so ist er nicht aufmerksam. Und ohne Aufmerksamkeit sind die schärfsten Beweise nichts als stumpfe Pfeile.

C l e o n. Rede nicht so tiefsinnig. Du hättest sie eben sollen ruhig machen: so sähe ich den Nutzen von deiner Geschicklichkeit.

D e r M a g i s t e r. Ich versuchte alles. Ich zeigte ihr die schöne Seite der Liebe. Ich sagte ihr erstlich, daß eine glückliche Ehe das größte Vergnügen wäre.

C l e o n. Ja, die glücklichen Ehen sind etwas sehr Schönes. Aber du hättest ihr sagen sollen, daß ihre Ehe wahrscheinlicherweise sehr glücklich werden würde. Das ist meine Absicht gewesen, warum ich dich zu ihr geschickt habe.

D e r M a g i s t e r. Kurz und gut, durch Lehrsätze und Erweise ist sie nicht zu gewinnen, das sehe ich wohl. Sie versteht wohl die einzelnen Sätze; aber wenn sie sie in Gedanken zusammen verbinden und dem Schlusse das Leben geben soll: so weichet ihr Verstand zurück, und sie wird ungehalten, daß er sie verläßt.

C l e o n. Also kannst du mir weiter nicht helfen und sie nicht überreden?

D e r M a g i s t e r. Es gibt noch gewisse witzige Beweise zur Überredung, die man Beweise κατ' ἄνϑρωπον nennen könnte. Dergleichen sind bei den alten Rednern die Fabeln und Allegorien oder Parabeln. Bei Leuten, die nicht scharf denken können, tun diese witzigen Blendwerke oft gute Dienste. Ich will sehen, ob ich durch mein Ingenium das ausrichten kann, was sie meinem Verstande versagt hat. Vielleicht macht ihr eine Fabel mehr Lust zur Heirat als eine Demonstration. Ich will eine machen und sie ihr vorlesen und tun, als ob ich sie in dem Fabelbuche eines jungen Menschen in Leipzig gefunden hätte, der sich durch seine Fabeln und Erzählungen bei der Schuljugend so beliebt gemacht hat.

C l e o n. Ach ja, das tue doch, damit wir alles versuchen. Wenn die Fabel hübsch ist: so kannst du sie gleich auf meiner Tochter Hochzeit der Welt mitteilen. Mache nur nicht gar zu lange darüber. Eine Fabel ist ja keine Predigt. Es muß ja nicht alles so akkurat sein. Meine Tochter wird dich nicht verraten. Mache, daß sie ja spricht: so will ich dir ohne Fabel, aber recht aufrichtig danken.

(*Der Magister geht ab.*)

EILFTER AUFTRITT

Cleon. Lottchen.

L o t t c h e n. Papa, der Herr Vormund des Herrn Damis hat durch seinen Bedienten dieses Zettelchen an Sie geschickt.

C l e o n (*er liest*). „Weil Sie es verlangen: so werde ich die Ehre haben, gegen die Kaffeezeit zu Ihnen zu kommen. Ich lasse mir die Wahl des Herrn Damis, meines Mündels, sehr wohl gefallen. Er hätte nicht glücklicher wählen können. Kurz, ich will mich diesen Nachmittag mit Ihnen und Ihren Jungfern Töchtern recht vergnügen, weil ich ohnedies heute eine angenehme Nachricht vom Hofe erhalten habe. Zugleich muß ich Ihnen melden, daß heute oder morgen das Testament Ihrer seligen Frau Muhme, der Frau Stephan, geöffnet werden soll. Ich glaube gewiß, daß sie Ihnen etwas vermacht hat. Vielleicht kann ich Ihnen die Gewißheit davon um vier Uhr mitbringen. Ich bin“ usw.

Das geht ja recht gut, meine liebe Tochter. Ich dachte immer, der Herr Vormund würde seine Einwilligung nicht zur Heirat geben, weil meine Tochter kein Vermögen hat.

L o t t c h e n. Das habe ich gar nicht befürchtet. Der Herr Vormund ist ja die Leutseligkeit und Menschenliebe selbst und macht sich gewiß eine Freude daraus, zu dem Glücke eines Frauenzimmers etwas beizutragen, der man keinen größern Vorwurf machen kann, als daß sie nicht reich ist.

C l e o n. Tochter, du hast sehr recht. Es ist ein lieber Mann. Ich habe nur gedacht, daß er einen gewissen

Fehler haben müßte, weil er schon nahe an vierzig ist und noch kein Amt hat. Aber was hilft uns das alles, wenn Julchen den Herrn Damis nicht haben will?

L o t t c h e n. Machen Sie sich keine Sorge, lieber Papa. Julchen ist so gut als besiegt. Und ich denke, es könnte ihr kein größer Unglück widerfahren, als wenn man ihr ihren Schatz, die sogenannte Freiheit, ungeraubt ließe. Ich habe die sichersten Merkmale, daß sie den Herrn Damis liebt.

C l e o n. Sollte es möglich sein? Ich dürfte es bald selbst glauben. Ihr losen Mädchen tut immer, als wenn euch nichts an den Männern läge, und heimlich habt ihr doch eine herzliche Freude an ihnen. Je nun, die Liebe ist auch nötig in der Welt, sonst hätte sie uns der Himmel nicht gegeben.

L o t t c h e n. Papa, diese Satire auf die losen Mädchen trifft mich nicht. Ich dächte, ich machte kein Geheimnis aus meiner Liebe. Wenigstens halte ich die vernünftige Liebe für kein größer Verbrechen als die vernünftige Freundschaft. Unser Leben ist vielleicht deswegen mit so vielen Beschwerlichkeiten belegt, daß wir es uns desto mehr durch die Liebe sollen leicht und angenehm zu machen suchen.

C l e o n. Mein Kind, wenn mir die Frau Muhme Stephan etwas vermacht haben sollte: so sähe ich's sehr gerne, wenn ich euch, meine Töchter, auf einen Tag versprechen und euch in kurzem auf einen Tag die Hochzeit ausrichten könnte. Ich wollte gern das ganze Vermächtnis dazu hergeben.

L o t t c h e n. Sie sind ein liebreicher Vater. Nein, wenn Sie auch durch das Testament etwas bekommen sollten: so würde es doch ungerecht sein, wenn wir Sie durch unsre Heiraten gleich um alles brächten. Nein, lieber Papa, ich kann noch lange warten. Und mein Geliebter wird sich ohnedies nicht zur Ehe entschließen, bis er nicht eine hinlängliche Versorgung hat.

C l e o n. Tue dein möglichstes, daß Julchen heute noch ja spricht. Die Mädchen müssen wohl ein wenig spröde tun; aber sie müssen es den Junggesellen auch nicht so gar sauer machen.

Lottchen. Papa, unsere selige Mama sagte nicht so.

Cleon. Loses Kind, ein Vater darf ja wohl ein Wort reden. Ich bin ja auch jung gewesen, und meine Jugend reut mich gar nicht. Ich und deine selige Mutter haben uns ein Jahr vor der Ehe und sechzehn Jahre in der Ehe wie die Kinder vertragen. Sie hat mir tausend vergnügte Stunden gemacht, und ich will's ihr noch in der Ewigkeit danken. Sie hat auch euch, meine Kinder, ohne Ruhm zu melden, recht gut gezogen. Ich weine vielmal, wenn ich des Abends nach der Betstunde von euch gehe und eure Andacht, insonderheit die deinige, sehe. Es wird dir gewiß wohlgehen. Verlasse dich darauf. Du tust mir viel Gutes. Du führst meine ganze Haushaltung. Sei zufrieden mit deinem Schicksale. Ich lasse dir nach meinem Tode einen ehrlichen Namen und eine gute Auferziehung. Laß mich ja zu meiner seligen Frau ins Grab legen. Ich will schlafen, wo sie schläft.

Lottchen. Ach, Papa, warum machen Sie mich weichmütig? Sie werden, wenn es nach meinem Wunsche geht, noch lange leben und erfahren, daß ich meinen Ruhm in der Pflicht, Ihnen zu dienen, suche. Und wenn ich Sie hundert Jahre versorge: so habe ich nichts mehr getan, als was mir meine Schuldigkeit befiehlt. Heute müssen Sie vergnügt sein. Doch vielleicht ist die traurige Empfindung, die in Ihnen entstanden ist, die angenehmste, die nur ein rechtschaffener Vater fühlen kann. Aber, lieber Papa, es ist kein Wein mehr im Keller als das gute Faß, das Sie in meinem Geburtsjahre eingelegt haben. Was werden wir heute unsern Gästen für Wein vorsetzen?

Cleon. Tochter, zapfe das Faß an. Und wenn es Nektar wäre: so ist er für den heutigen Tag nicht zu gut. Es wird bald Mittagszeit sein. Ich will immer gehen und die Forellen aus dem Fischhälter langen. Wenn ich Julchen sehe: so will ich dir sie wohl wieder herschicken, wenn du noch einmal mit ihr reden willst.

Lottchen. Recht gut, Papa, ich will noch einige Augenblicke hier warten.

ZWÖLFTER AUFTRITT

Lottchen. Siegmund.

S i e g m u n d. Ich habe schon einen Augenblick mit Jul-
chen gesprochen. Sie ist ungehalten auf den Herrn
Damis, aber ihre ganze Anklage scheint mir nichts
als eine Liebeserklärung in einer fremden Sprache zu
sein. Ich hätte nicht gedacht, daß sie so zärtlich wäre.
Die Liebe und Freundschaft reden zugleich aus ihren
Augen und aus ihrem Munde, je mehr sie nach ihrer
Meinung die erste verbergen will.

L o t t c h e n. Ei, ei, mein lieber Herr Siegmund! Ich
könnte bald einige Minuten eifersüchtig werden. Nicht
wahr, meine Schwester ist reizender als ich? Aber
dennoch lieben Sie mich.

S i e g m u n d. Wer kann Sie einmal lieben und nicht
beständig lieben? Ihre Jungfer Schwester hat viele
Verdienste; aber Sie haben ihrer weit mehr. Sie kennen mein Herz. Dieses muß Ihnen für meine Treue
der sicherste Bürge sein.

L o t t c h e n. Ja, ich kenne es und bin stolz darauf. Ach,
mein liebster Freund, ich muß Ihnen sagen, daß uns
vielleicht ein kleines Glück bevorsteht. Wollte doch
der Himmel, daß es zu Ihrer Beruhigung etwas beitragen könnte! Der Herr Vormund des Herrn Damis
hat dem Papa in einem Billette gemeldet, daß heute
das Testament der Frau Muhme Stephan geöffnet
werden würde und daß er glaubte, sie würde den
Papa darinne bedacht haben. O wenn es doch die
Vorsicht wollte, daß ich so glücklich würde, Ihre Umstände zu verbessern!

S i e g m u n d. Machen Sie mich nicht unruhig. Sie lieben mich mehr, als ich verdiene. Gedulden Sie sich, es
wird noch alles gut werden und ...

L o t t c h e n. Sie sind unruhig? Was fehlt Ihnen? Sagen
Sie mir's. Mein Leben ist mir nicht lieber als Ihre Ruhe.

S i e g m u n d. Ach, mein schönes Kind, es fehlt mir
nichts, nichts als das Glück, Sie ewig zu besitzen. Ich
bin etwas zerstreut. Ich habe diese Nacht nicht wohl
geschlafen.

Lottchen. O kommen Sie und werden Sie mir zuliebe munter. Wir wollen erst zu Julchen auf ihre Stube und dann gleich zur Mahlzeit gehn.

(Ende des ersten Aufzugs.)

ZWEITER AUFZUG

ERSTER AUFTRITT

Cleon. Julchen.

Cleon. Du wirst doch wissen, ob du ihm gut bist?

Julchen. Lieber Papa, woher soll ich's denn wissen? Ich will Ihnen gerne gehorchen; aber lassen Sie mir nur meine Freiheit.

Cleon. „Ich will Ihnen gerne gehorchen; aber lassen Sie mir nur meine Freiheit." Kleiner Affe, was redst du denn? Wenn ich dir deine Freiheit lassen soll: so brauchst du mir ja nicht zu gehorchen. Ich will dich gar nicht zwingen. Ich bin dir viel zu gut. Nein, sage mir nur, ob er dir gefällt.

Julchen. Ob mir Herr Damis gefällt? Vielleicht, Papa. Ich weiß es nicht gewiß.

Cleon. Tochter, schäme dich nicht, mit deinem Vater aufrichtig zu reden. Du bist ja erwachsen, und die Liebe ist ja nichts Verbotenes. Gefällt dir seine Person, seine Bildung?

Julchen. Sie mißfällt mir nicht. Vielleicht ... gefällt sie mir gar.

Cleon. Mädchen, was willst du mit deinem „Vielleicht"? Wir reden ja nicht von verborgenen Sachen: du darfst ja nur dein Herz fragen.

Julchen. Aber wenn nun mein Herz so untreu ist und mir nicht aufrichtig antwortet?

Cleon. Rede nicht so poetisch. Dein Herz bist du; und du wirst doch wissen, was in dir vorgeht. Wenn du einen jungen, wohlgebildeten, geschickten, vernünf-

tigen und reichen Menschen siehst, der dich zur Frau
haben will: so wirst du doch leicht von dir erfahren
können, ob du ihn zum Manne haben möchtest.

J u l c h e n. Zum Manne? ... Ach, Papa! lassen Sie mir
Zeit. Ich bin heute unruhig, und in der Unruhe könnte
ich mich übereilen. Ich glaube in der Tat nicht, daß ich
ihn liebe, sonst würde ich munter und zufrieden sein.
Wer weiß auch, ob ich ihm gefalle?

C l e o n. Wenn du darüber unruhig bist: so hat es gute
Wege. Bist du nicht ein albernes Kind! Wenn du ihm
nicht gefielst: so würde er sich nicht so viel Mühe um
dich geben. Er kennt dich vielleicht besser, als du dich
selbst kennst. Stelle dir einmal vor, ob ich deine selige
Mutter, da sie noch Jungfer war, zur Ehe begehret
haben würde, wenn sie mir nicht gefallen hätte. Indem er zu dir sagt: „Jungfer Julchen", oder wie er
dich nennt ... Du kannst mir's ja sagen, wie er dich
heißt.

J u l c h e n. Er heißt mich Mamsell.

C l e o n. Kind, du betrügst mich. Er spräche schlecht-
weg „Mamsell"? Das kann nicht sein.

J u l c h e n. Zuweilen spricht er auch „liebe Mamsell".

C l e o n. Tochter, du verstellst dich. Ich bin ja dein Vater. Im Ernste, wie heißt er dich, wenn er's recht gut
meint?

J u l c h e n. Ich kann mich selbst nicht besinnen. Er
spricht ... er spricht ... „mein Julchen" ...

C l e o n. Warum sprichst du das Wort so kläglich aus?
Seufzest du über deinen Namen? Dein Name ist
schön. Also spricht er zu dir: „Mein Julchen"? Gut,
hat er dich nie anders geheißen?

J u l c h e n. Ach ja, lieber Papa. Er heißt mich auch zuweilen: „Mein schönes Julchen." Warum fragen Sie
mich denn so aus?

C l e o n. Laß mir doch meine Freude, du kleiner Narr.
Ein rechtschaffener Vater hat seine Töchter lieb, wenn
sie wohlgezogen sind. Ich bin ja stets freundlich mit
euch umgegangen. Aber daß ich wieder auf das
Hauptwerk komme. Ja, indem Herr Damis z. E. zu
dir spricht: „Mein schönes Julchen, ich habe dich ..."

J u l c h e n. Oh! Er heißt mich Sie. Er würde nicht du
sprechen. Das wäre sehr vertraut, oder doch wenigstens
unhöflich.

C l e o n. Nun, nun, wenn er dich auch einmal du hieße,
deswegen verlörst du nichts von deiner Ehre. Hat
mich doch meine selige Frau als Braut mehr als einmal du geheißen, und es klang mir immer schön. Indem er also zu dir spricht: „Mein schönes Julchen,
ich bin Ihnen gut": so sagt er auch zugleich, „Sie gefallen mir"; denn sonst würde er das erste nicht sagen.

J u l c h e n. Das sagt er niemals zu mir.

C l e o n. Du machst mich böse. Ich habe es ja mehr als
einmal selber gehört.

J u l c h e n. Daß er zu mir gesagt hätte: „Ich bin Ihnen
gut"?

C l e o n. Jawohl!

J u l c h e n. Mit Ihrer Erlaubnis, Papa, das hat Herr
Damis in seinem Leben nicht zu mir gesagt. „Ich liebe
Sie von Herzen", das spricht er wohl; aber niemals,
„ich bin Ihnen gut".

C l e o n. Bist du nicht ein zänkisches Mädchen! Wir
streiten ja nicht um die Worte.

J u l c h e n. Aber das klinget doch allemal besser: „Ich
liebe Sie von Herzen", als das andere.

C l e o n. Das mag sein. Ich habe das letzte immer zu
meiner lieben Frau gesagt, und es gefiel ihr ganz
wohl. Daß die Welt die Sprache immer ändert, dafür
kann ich nicht. Ihr Mädchen gebt heutzutage auf ein
Wort Achtung wie ein Rechenmeister auf eine Ziffer.
Es gefällt dir also, wenn er so zu dir spricht? Gut,
meine Tochter, so nimm ihn doch. Was wegerst du
dich denn? Ich gehe nach der Grube zu. Worauf willst
du denn warten? Kind, ich sage dir's, es dürfte sich
keine Gräfin deines Bräutigams schämen. Herr Damis
möchte heute gerne die völlige Gewißheit haben, ob
er . . .

J u l c h e n. Papa!

C l e o n. Nun, was willst du? Nur nicht so verzagt. Ich
bin ja dein Vater. Ich gehe ja mit dir wie mit einer
Schwester um.

J u l c h e n. Papa, darf ich etwas bitten?
C l e o n. Herzlich gern. Du bist mir so lieb als Lottchen,
    wenn jene gleich etwas gelehrter ist. Bitte, was willst
    du?
J u l c h e n. Ich? Ich bin sehr unentschlossen, sehr ver-
    drießlich.
C l e o n. Das ist ja keine Bitte. Rede offenherzig.
J u l c h e n. Ich wollte bitten, daß Sie ... mir meine
    Freiheit ließen.
C l e o n. Mit deiner ewigen Freiheit! Ich dachte, du
    wolltest schon um das Brautkleid bitten. Ich lasse dir
    ja deine Freiheit. Du sollst ja aus freiem Willen lie-
    ben, gar nicht gezwungen. Bedenke dich noch eine
    Stunde. Überlege es hier allein. Ich will dich nicht
    länger stören. Ich will für dich beten. Das will ich tun.

ZWEITER AUFTRITT

Julchen. Damis.

D a m i s. Darf ich mit Ihnen reden, mein schönes Kind?
J u l c h e n. Es ist gut, daß Sie kommen. Die Gesund-
    heit, die Sie mir über Tische von der Liebe zubrachten,
    hat mich recht gekränkt. Meine Schwester lachte dar-
    über; aber das kann ich nicht. Sie hat heute überhaupt
    eine widerwärtige Gemütsart, die sich sogar bis auf
    Sie, mein Herr, erstreckt.
D a m i s. Bis auf mich? Darf ich weiterfragen?
J u l c h e n. Ich sagte ihr, daß Sie meiner Meinung wä-
    ren und behauptet hätten, daß mehr Hoheit der Seele
    zur Freiheit als zur Liebe gehörte. Darüber spottete
    sie und sagte dreist, Sie hätten unrecht, wo sie nicht
    gar noch mehr sagte. Aber lassen Sie sich nichts gegen
    sie merken; sie möchte sonst denken, ich wollte eine
    Feindschaft anrichten.
D a m i s. Lottchen wird es nicht so böse gemeint haben.
    Sie ist ja die Gutheit und Unschuld selbst.
J u l c h e n. Das konnte ich mir einbilden, daß Sie mir
    widersprechen würden. Und ich will es Ihnen nur ge-
    stehen, daß ich's zu dem Ende gesagt habe. Freilich

hat meine Schwester mehr Gutheit als ich. Sie redt
von der Liebe, und so gütig bin ich nicht.

D a m i s. Vergeben Sie es ihr, wenn sie auch etwas von
mir gesagt hat. Ich bin ja nicht ohne Fehler. Und vielleicht würde ich Ihnen mehr gefallen, wenn ich ihrer
weniger hätte.

J u l c h e n. Wozu soll diese Erniedrigung? Wollen Sie
mich mit dem Worte Fehler demütigen?

D a m i s. Ach, liebstes Kind, werden Sie es denn niemals glauben, wie gut ich's mit Ihnen meine?

J u l c h e n. Daran zweifele ich gar nicht. Sie sind ja
meiner Schwester gewogen; und also wird es Ihnen
nicht sauer ankommen, mir Ihre Gewogenheit in
ebendem Grade zu schenken.

D a m i s. Ja, ich versichere Sie, daß ich Lottchen allen
Schönen vorziehen würde, wenn ich Julchen nicht
kennte.

J u l c h e n. Ich sehe, die Gefahr, mich hochmütig zu
machen, ist zu wenig, Sie von einer Schmeichelei ab-
zuschrecken.

D a m i s. Meine liebe Freundin, ich verliere meine
Wohlfahrt, wenn dieses eine Schmeichelei war. Warum halten Sie mich nicht für aufrichtig?

J u l c h e n *(zerstreut)*. Ich . . . ich habe die beste Meinung von Ihnen.

D a m i s. Warum sprechen Sie diesen Lobspruch mit
einem so traurigen Tone aus? Kostet er Sie so viel?
In Wahrheit, ich bin recht unglücklich. Je länger ich
die Ehre habe, Sie zu sehen und zu sprechen, desto un-
zufriedner werden Sie. Sagen Sie mir nur, was Sie
beunruhiget. Ich will Ihnen ja Ihre Freiheit nicht rauben. Nein, ich will nicht den geringsten Anspruch auf
Ihr Herz machen. Ich will Sie ohne alle Belohnung,
ohne alle Hoffnung lieben. Wollen Sie mir denn auch
dieses Vergnügen nicht gönnen?

J u l c h e n. Sie sind wirklich großmütiger, als ich ge-
glaubt habe. Wenn Sie mich lieben wollen, ohne mich
zu fesseln: so wird mir Ihr Beifall sehr angenehm
sein. Aber dies ist auch alles, was ich Ihnen sagen
kann. Werfen Sie mir mein verdrießliches Wesen nicht

mehr vor. Ich will gleich so billig sein und Sie verlassen.

D a m i s. Aber was fehlt Ihnen denn, mein Engel?

J u l c h e n (unruhig). Ich weiß es in Wahrheit nicht.
Es ist mir alles so ängstlich, und es scheint recht, als
ob ich das Ängstliche heute suchte und liebte. Ich bitte
Sie recht sehr, lassen Sie deswegen nichts von Ihrer
Hochachtung gegen mich fallen. Es ist unhöflich von
mir, daß ich Sie nicht munterer unterhalte, da Sie unser Gast sind. Aber der Himmel weiß, ich kann nichts
dafür. Ich will mir eine Tasse Kaffee machen lassen.
Vielleicht kann ich mein verdrießliches Wesen zerstreuen. Aber gehn Sie nicht gleich mit mir. Lottchen
möchte mir sonst einige kleine Spöttereien sagen. Wollen Sie so gütig sein?

DRITTER AUFTRITT

Damis. Lottchen.

L o t t c h e n. Nun, Herr Damis, wie weit sind Sie in
Ihrer Liebe? Sie weinen? Ist das möglich?

D a m i s. O gönnen Sie mir dieses Glück. Es sind Tränen der Wollust, die meine ganze Seele vergnügen.
Wenn Sie nur das liebenswürdige Kind hätten sollen
reden hören! Wenn Sie nur die Gewalt hätten sehen
sollen, die sie ihrem Herzen antat, um es nicht sehn
zu lassen! Sie sagte endlich aufrichtig, sie wäre unruhig. Ach Himmel! mit welcher Annehmlichkeit, mit
welcher Unschuld sagte sie dies! Sie liebt mich wohl,
ohne es recht zu wissen. Bedenken Sie nur, mein liebes
Lottchen, o bedenken Sie nur, wie . . .

L o t t c h e n. Warum reden Sie nicht weiter?

D a m i s. Lassen Sie mich doch mein Glück erst recht
überdenken. Sie nannte ihre Unruhe ein verdrießliches
Wesen. Sie bat mich, daß ich deswegen nichts von der
Hochachtung gegen sie sollte fahrenlassen. Und das
Wort Hochachtung drückte sie mit einem Tone aus,
der ihm die Bedeutung der Liebe gab. Sie sagte endlich in aller Unschuld, sie wollte sich eine Tasse Kaffee

machen lassen, um den Nebel in ihrem Gemüte dadurch zu zerstreuen.

Lottchen. Das gute Mädchen! Wenn der Kaffee eine Arznei für die Unruhen des Herzens wäre: so würden wir wenig Gemütskrankheiten haben. Nunmehr wird sie bald empfinden, was Liebe und Freiheit ist. Das Traurige, das sich in ihrem Bezeigen meldet, scheint mir ein Beweis zu sein, daß sie ihre Freiheit nicht mehr zu beschützen weiß. Verwandeln Sie sich nunmehr nach und nach wieder in den Liebhaber, damit Julchen nicht gar zu sehr bestraft wird.

Damis. Diese Verwandlung wird mir sehr natürlich sein. Aber ich fürchte, wenn Julchen in Gegenwart so vieler Zeugen mir ihre Liebe wird bekräftigen sollen: so wird ihr Herz wieder scheu werden. Sie bat mich, da sie mich verließ, daß ich ihr nicht gleich nachfolgen sollte, damit ihr Lottchen nicht einige Spöttereien sagen möchte. Wie furchtsam klingt dieses!

Lottchen. Ja, es heißt aber vielleicht nichts anders, wenn man es in seine Sprache übersetzt, als: Gehen Sie nicht mit mir, damit Lottchen nicht so deutlich sieht, daß ich Sie liebe. Ihre Braut scheut sich nicht vor der Liebe, sondern nur vor dem Namen derselben. Wenn sie weniger natürliche Schamhaftigkeit hätte, so würde ihre Liebe sich in einem größern Lichte sehen lassen; aber vielleicht würde sie nicht so reizend erscheinen. Vielleicht geht es mit der Zärtlichkeit eines Frauenzimmers wie mit ihren äußerlichen Reizungen, wenn sie gefallen sollen.

Damis. Was meinen Sie, meine liebe Jungfer Schwester, soll ich ... Aber wie? Ich nenne Sie schon Jungfer Schwester, und ich scheue mich doch zugleich, Sie deswegen um Vergebung zu bitten?

Lottchen. Ich will den Fehler gleich wieder gutmachen, mein lieber Herr Bruder. Ich habe Ihnen nun nichts vorzuwerfen. Aber was wollten Sie sagen?

Damis. Fragen Sie mich nicht. Ich habe es wieder vergessen. Ich kann gar nicht mehr zu meinen eignen Gedanken kommen. Sie verbergen sich in die entlegenste Gegend von meiner Seele. Julchen denkt und sinnt

und redt in mir. Und seitdem ich sie traurig gesehen
habe, habe ich große Lust, es auch zu sein. Was für
ein Geheimnis hat nicht ein Herz mit dem andern!
Ich sehe, daß ich glücklich bin, und sollte vergnügt
sein. Ich sehe, daß mich Julchen liebt, und indem ich
dieses sehe, werde ich traurig, weil sie es ist. Welche
neue Entdeckung in meinem Herzen!

L o t t c h e n. Ich weiß Ihnen keinen bessern Rat zu
geben als den, folgen Sie Ihrer Neigung und vertreiben Sie sich die Traurigkeit nicht, sonst werden Sie
zerstreut werden. Sie wird ihres Platzes von sich selber müde werden und ihn bald dem Vergnügen von
neuem einräumen.

D a m i s. Ich werde recht furchtsam. Und ich glaube,
wenn ich Julchen wiedersehe, daß ich gar stumm
werde.

L o t t c h e n. Das kann leicht kommen. Vielleicht geht
es Julchen auch also. Ich möchte Sie beide itzt beisammen sehen, ohne von Ihnen bemerkt zu werden. Sie
würden beide tiefsinnig tun. Sie würden reden wollen
und statt dessen seufzen. Sie würden die verräteri-
schen Seufzer durch gleichgültige Mienen entkräften
wollen und ihnen nur mehr Bedeutung geben. Sie
würden einander wechselsweise bitten, sich zu verlassen, und einander Gelegenheit geben, zu bleiben. Und
vielleicht würde Ihre beiderseitige Wehmut zuletzt in
etliche mehr als freundschaftliche Küsse ausbrechen.
Aber ich höre meine Schwester kommen. Ich will Sie
nicht stören. *(Sie geht und bleibt in der Szene ver-
steckt stehen.)*

VIERTER AUFTRITT

Julchen. Damis.

J u l c h e n. War nicht meine Schwester bei Ihnen? Wo
ist sie?

D a m i s *(in tiefen Gedanken).* Sie ging und sagte, sie
wollte uns nicht stören.

J u l c h e n. Nicht stören? Was soll das bedeuten?

D a m i s. Vergeben Sie mir. Ich habe mich übereilet.
Ach, Juliane!

J u l c h e n. Sie haben sich übereilet, und woher?
Aber ... Ja ... Ich will Sie verlassen. Sie sind tiefsinnig.

D a m i s. Sie wollen mich verlassen? meine Juliane!
Mich ... ?

J u l c h e n. Meine Juliane! so haben Sie mich ja sonst
nicht geheißen? Sie vergessen sich. Ich will Sie verlassen.

D a m i s. O gehn Sie noch nicht. Ich habe Ihnen recht
viel zu sagen. Ach viel!

J u l c h e n. Und was denn? Sie halten mich wider meinen Willen zurück. Ist Ihnen etwas begegnet? Was
wollen Sie sagen? Reden Sie doch.

D a m i s *(bange)*. Meine Juliane!

J u l c h e n *(mit beweglicher Stimme)*. Juliane! den Namen höre ich zum dritten Male. Sie schweigen wieder?
Ich muß nur gehn. *(Sie geht. Er sieht ihr traurig nach,
und sie sieht sich um.)* Wahrhaftig, es muß Ihnen
etwas Großes begegnet sein. Darf ich's nicht wissen?

D a m i s *(er kömmt auf sie zu)*. Wenn Sie mir's vergeben wollten: so wollte ich Ihnen sagen; aber nein ...
Ich würde Ihre Gewogenheit darüber verlieren und ...
(Er küßt ihr die Hand und hält sie dabei.) Nein, ich
habe Ihnen nichts zu sagen. Ach, Sie sind verdrießlich,
meine Juliane?

J u l c h e n *(ganz betroffen)*. Nein, ich bin nicht traurig.
Aber ich erschrecke, daß ich Sie so bestürzt sehe.
Ja ... Ich bin nicht traurig. Ich bin ganz gelassen,
und ich wollte, daß Sie auch so wären. Halten Sie
mich nicht bei der Hand. Ich will Sie verlassen. Ich
wollte meine Schwester suchen und ihr sagen ...

D a m i s. Was wollten Sie ihr denn sagen? mein schönes
Kind!

J u l c h e n. Ich wollte ihr sagen ... daß der Papa nach
ihr gefragt hätte und ...

D a m i s. Der Papa? mein Engel!

J u l c h e n. Nein, ich irre mich. Herr Siegmund hat
nach ihr gefragt und meine Schwester sprechen wollen

und mich gebeten ... *(Sie sieht ihn an.)* In Wahrheit,
Sie sehen so traurig aus, daß man sich des Mitleidens ... *(Sie wendet das Gesichte beiseite.)*

D a m i s. Meine Juliane! Ihr Mitleiden ... Sie bringen
mich zur äußersten Wehmut.

J u l c h e n. Und Sie machen mich auch traurig. Warum
hielten Sie mich zurück? Warum weinen Sie denn?
(Sie will ihre Tränen verbergen.) Was fehlt Ihnen?
Verlassen Sie mich, wenn ich bitten darf.

D a m i s. Ja.

J u l c h e n *(für sich).* Er geht?

D a m i s *(indem er wieder zurückkehrt).* Aber darf ich
nicht wissen, meine Schöne, was Ihnen begegnet ist?
Sie waren ja Vormittage nicht so traurig.

J u l c h e n. Ich weiß es nicht. Sie wollten ja gehn. Ist
Ihnen meine Unruhe beschwerlich? Sagen Sie mir nur,
warum Sie ... Sie reden ja nicht.

D a m i s. Ich?

J u l c h e n. Ja.

D a m i s. O wie verschönert die Wehmut Ihre Wangen!
Ach, Juliane!

J u l c h e n. Was seufzen Sie? Sie vergessen sich. Wenn
doch Lottchen wiederkäme! Bedenken Sie, wenn sie
Sie so betrübt sähe und mich ... Was würde sie sagen?
(Lottchen tritt aus der Szene hervor.)

FÜNFTER AUFTRITT

Die Vorigen. Lottchen.

L o t t c h e n. Ich würde sagen, daß man einander durch
bekümmerte Fragen und Tränen die stärkste Liebeserklärung machen kann, ohne das Wort Liebe zu nennen. Mehr würde ich nicht sagen.

J u l c h e n. O wie spöttisch! Ich muß nur gehn.

L o t t c h e n. O ich habe es wohl eher gesehn, daß du
hast gehn wollen, und doch ...

J u l c h e n. Das wüßte ich in der Tat nicht. *(Sie geht
ab.)*

SECHSTER AUFTRITT

Damis. Lottchen.

L o t t c h e n. Es dauert mich in der Tat, daß ich Sie
beide gestöret habe. Ich hätte es nicht tun sollen:
Aber ich konnte mich vor Freuden nicht länger halten.
Kann wohl ein schönerer Anblick sein, als wenn man
zwei Zärtliche sieht, die es vor Liebe nicht wagen wollen, einander die Liebe zu gestehen? Mein lieber Herr
Damis, habe ich den Plan Ihres zärtlichen Schicksals
nicht gut entworfen gehabt? Hätte ich mich noch einige
Augenblicke halten können: so würde Ihre beiderseitige Wehmut gewiß noch bis zu etlichen vertraulichen
Liebkosungen gestiegen sein.

D a m i s. Daran zweifele ich sehr. Ich war in Wahrheit
recht traurig, und ich bin's noch.

L o t t c h e n. Ja, ich sehe es. Und es wird Ihnen sehr
sauer werden, mit mir allein zu reden. Holen Sie unmaßgeblich Ihre betrübte Freundin wieder zurück.
Ich will Sie miteinander aufrichten.

D a m i s. Ja, das will ich tun.

SIEBENTER AUFTRITT

Lottchen. Simon.

S i m o n. Ich bitte Sie um Vergebung, Mamsell, daß ich
unangemeldet hereintrete. Das Vergnügen macht mich
unhöflich. Sind Sie nicht die liebenswürdige Braut
meines Herrn Mündels?

L o t t c h e n. Und wenn ich nun seine Braut wäre, was...

S i m o n. So habe ich die Ehre, Ihnen zu sagen, daß
Ihnen Ihre selige Frau Muhme in ihrem Testamente ihr
ganzes Rittergut vermacht hat. Sie werden die Gewißheit davon noch heute vom Rathause erhalten. Das
Testament ist geöffnet, und Ihr Herr Pate, der Herr
Hofrat, der bei der Eröffnung zugegen gewesen, hat
mir aufgetragen, Ihrem Herrn Vater diese angenehme
Zeitung zum voraus zu hinterbringen, ehe er noch
die gerichtliche Insinuation erhält.

Lottchen. Ist das möglich? Die Frau Muhme hat ihr Versprechen zehnfach erfüllt. Wie glücklich ist meine Schwester! Sie verdient es in der Tat. Das ist eine sonderbare Schickung. Mein Herr, Sie setzen mich in das empfindlichste Vergnügen. Ich bin nicht die Braut Ihres Herrn Mündels. Aber die Nachricht würde mich kaum so sehr erfreuen, wenn sie mich selbst anginge.

Simon. Kurz, Mamsell, ich weiß nicht, welche von Ihnen meinen Mündel glücklich machen will. Allein genug, die jüngste Tochter des Herrn Cleon ist die Erbin des ganzen Ritterguts und also eines Vermögens von mehr als funfzigtausend Talern.

Lottchen. Das ist meine Schwester. Wie erfreue ich mich!

Simon. Es tut mir leid, daß ich Ihnen nicht ebendiese Nachricht bringen kann. Ich wollte es mit tausend Freuden tun. Wo ist Ihr lieber Herr Vater? Wird er nicht eine Freude haben!

Lottchen. Ich habe gleich die Ehre, Sie zu ihm zu führen. Aber ich will Sie erst um etwas bitten. Gönnen Sie mir doch das Vergnügen, daß ich meiner Schwester und Ihrem Herrn Mündel die erste Nachricht von dieser glücklichen Erbschaft bringen darf. Es ist meine größte Wollust, die Regungen des Vergnügens bei andern ausbrechen zu sehen. Und wenn ich viel hätte, ich glaube, ich verschenkte alles, nur um die Welt froh zu sehen. Lassen Sie mir immer das Glück, meiner Schwester das ihrige anzukündigen.

Simon. Von Herzen gern. Eine so edle Liebe habe ich nicht leicht unter zwo Schwestern gefunden. Ich erstaune ganz. Ich wußte wohl, Mamsell, daß Sie die Braut meines Mündels nicht waren; allein, ich wollte mir meinen Antrag durch eine verstellte Ungewißheit leichter machen. Ich glaubte, Sie würden erschrecken und über die Vorteile Ihrer Jungfer Schwester unruhig werden. Aber ich sehe das Gegenteil und fange an zu wünschen, daß Sie selbst die Braut meines lieben Mündels und die glückliche Erbin der Frau Stephan sein möchten.

Lottchen. Wenn man Ihren Beifall dadurch gewin-

nen kann, daß man frei vom Neide und zur Menschenliebe geneigt ist: so hoffe ich mir Ihr Wohlwollen zeitlebens zu erhalten. Also wollen Sie Julchen
und dem Herrn Damis nichts von der Erbschaft sagen,
sondern es mir überlassen? Sie sind sehr gütig.
S i m o n. Ich will sogar dem Herrn Vater nichts davon
sagen, wenn Sie es ihm selber hinterbringen wollen.
Hier kömmt er.

ACHTER AUFTRITT

Die Vorigen. Herr Cleon. Herr Siegmund.

C l e o n. Mein wertester Herr, ich habe Sie mit dem
Herrn Siegmund schon im Garten gesucht. Ich sahe
Sie in das Haus hereintreten, und ich glaubte, Sie
würden den Kaffee im Garten trinken wollen. Ich
erfreue mich über die Ehre Ihrer Gegenwart. Ich erfreue mich recht von Herzen.
S i m o n. Und ich erfreue mich, Sie wohl zu sehen und
heute einen Zeugen von Ihrem Vergnügen abzu-
geben.
L o t t c h e n. Ach, lieber Papa! Ach, lieber Herr Siegmund! Soll ich's sagen? Herr Simon!
S i m o n. Wenn Sie es erzählen, wird mir's so neu klin-
gen, als ob ich's selbst noch nicht wüßte.
C l e o n. Nun, was ist es denn? meine Tochter! Wem
willst du es erst sagen, mir oder meinem lieben Nachbar? Welcher ist dir lieber, du loses Kind?
L o t t c h e n. Wenn ich die Liebe der Ehrfurcht frage:
so sind Sie's. Und wenn ich die Liebe der Freundschaft
höre: so ist es Ihr lieber Nachbar. Ich will's Ihnen
beiden zugleich sagen, was mir Herr Simon itzt erzählt hat. Die selige Frau Muhme hat Julchen in
ihrem Testamente ihr ganzes Rittergut vermacht. Das
Testament ist geöffnet, und mein Herr Pate, der Herr
Hofrat, läßt Ihnen durch den Herrn Simon diese
Nachricht bringen.
C l e o n. Dafür sei Gott gedankt. Das Gut ist doch
Weiberlehn? Ja! Ich erschrecke ganz vor Freuden.

Das hätte ich nimmermehr gedacht. O sie war dem
Mädchen sehr gut! Gott vergelte es ihr in der frohen
Ewigkeit. Das ganze Rittergut?

S i e g m u n d. Das ist vortrefflich. Die rechtschaffene
Frau!

S i m o n *(zu Cleon)*. Ich habe mir in Ihrem Namen die
Abschrift von dem Testamente schon ausgebeten, und
ich hoffe sie gegen Abend zu erhalten. Sie werden auch
bald eine gerichtliche Verordnung bekommen.

C l é o n. Das ist ja ganz was Außerordentliches. Ich
will's die Armen gewiß genießen lassen. Aber du,
meine liebe Tochter, du kömmst dabei zu kurz.

L o t t c h e n. Ich? Papa. Nein. Wenn ich das Glück
tragen könnte: so würde mir der Himmel gewiß auch
welches geben. Ich habe schon Glück genug. Nicht
wahr? Herr Siegmund! Was meinen Sie?

S i e g m u n d. Daß Sie es ebenso würdig sind als Ihre
Jungfer Schwester.

C l é o n. Herr Simon, Sie haben mir ja in Ihrem Billette
gemeldet, daß auch Sie eine erfreuliche Nachricht erhalten hätten. Kommen Sie doch mit mir in den Garten und vertrauen Sie mir's. Diese beiden feindseligen
Gemüter werden sich schon hier allein vertragen oder
uns nachkommen.

NEUNTER AUFTRITT

Lottchen. Siegmund.

L o t t c h e n. Wenn ich Ihre Größe nicht kennte: so
würde ich gezittert haben, Ihnen die Nachricht von
dem großen Glücke meiner Schwester zu hinterbringen. Aber ich weiß, Sie schätzen mich deswegen nicht
einen Augenblick geringer. Unser Schicksal steht in den
Händen der Vorsicht. Diese teilen allemal weise aus,
und sie werden sich auch noch zu unserm Vorteile öff-
nen, wenngleich nicht in dem Augenblicke, da wir es
wünschen.

S i e g m u n d. Mein liebes Lottchen, es wird mir sehr
leicht, über Ihrem Herzen das Glück zu vergessen.

Wir wollen hoffen. Vergeben Sie mir nur, daß ich noch
immer den Zerstreuten vorstelle. Ich habe lange mit
Ihrem Papa gesprochen, und ich weiß in Wahrheit
nicht was.

L o t t c h e n. Wenn Sie mich so lieben, wie ich Sie: so
wundert mich's nicht, daß Ihnen ein Tag, wie der heutige ist, wo solche Anstalten gemacht werden, einige
Wünsche und Unruhen abnötigt. Trauen Sie doch der
Vorsehung. Es ist eben heute ein Jahr, da Sie durch
den unglücklichen Prozeß Ihres seligen Herrn Vaters
Ihr Vermögen verloren. Vielleicht beunruhiget Sie dieser Gedanke; aber vielleicht haben Sie auch alles heute
über ein Jahr wieder. Haben Sie mit Julchen gesprochen und dem Herrn Damis zum besten sich etwas
zärtlich gestellt?

S i e g m u n d. Nein, weil ich so zerstreut bin, so . . .

L o t t c h e n. Gut. Sie werden diese kleine Mühe fast
ersparen können. Ihr Herz scheint keinen großen Antrieb mehr nötig zu haben. Aber sagen Sie ihr noch
nichts von der Erbschaft. Ich will sie holen und es ihr
in Ihrer Gegenwart entdecken und ihrem Geliebten
zugleich.

ZEHNTER AUFTRITT

Siegmund allein.

Welche entsetzliche Nachricht! . . . Julchen! . . . Ein ganzes Rittergut! Julchen . . . die so viel Reizungen, so
viel Schönheit und Anmut besitzt! . . . Kennte ich Lottchens Wert nicht: so würde Julchen . . . Aber ist Julchen nicht auch tugendhaft . . . großmütig . . . klug . . .
unschuldig . . .? Ist sie nicht die Sittsamkeit selbst? Ist
Lottchen so schamhaft? oder . . . Himmel, wo bin ich?
Verdammte Liebe, wie quälst du mich! Muß man auch
wider seinen Willen untreu werden? . . . Warum konnte
jene nicht die reiche Erbschaft bekommen? Sahe die
Muhme auch, daß die jüngste mehr Verdienste hatte? . . .
Ich Elender! Ich bin ohne meine Schuld um das größte
Vermögen gekommen . . . Aber habe ich weniger Vorzüge als Damis? Julchen widersteht ja seiner Liebe . . .

Ist es ein Verbrechen? ... Was kann ich dafür, daß sie
mich rührt? Sind meine Wünsche verdammlich, wenn
sie mit Julchens Wünschen vielleicht gar übereinstimmen? O Himmel! Sie kömmt allein.

EILFTER AUFTRITT

Siegmund. Julchen.

J u l c h e n. Meine Schwester hat gesagt, ich soll sie hier
in Ihrer Gesellschaft erwarten. Sie sucht den Herrn
Damis und will alsdann hieherkommen und uns etwas
Angenehmes erzählen.

S i e g m u n d. Wird Ihnen unterdessen die Zeit in meiner Gesellschaft nicht verdrießlich werden?

J u l c h e n. Mir? Bei Ihnen? Gewiß nicht. Sie sind heute
am freundschaftlichsten mit mir umgegangen. Und es
wird Ihnen auch wohl kein Geheimnis sein, daß ich Ihnen gut bin, wenngleich nicht so wie meine Schwester.

S i e g m u n d *(er küßt ihr die Hand)*. Sie sagen mir vieles Schönes, angenehme Braut.

J u l c h e n. Bin ich denn eine Braut? Das hat mir noch
kein Mensch gesagt. Nein, mein Herr, heißen Sie mich
nicht so. Es kann sein, daß ich dem Herrn Damis gewogen bin; aber muß ich darum seine Braut sein?
Nein, er ist so gütig und sagt mir fast gar nichts mehr
von der Liebe.

S i e g m u n d. Aber, wenn ich Ihnen etwas von der Liebe
sagte, würden Sie auch zürnen? Sie wissen es wohl
nicht, wie hoch ich Sie ... doch ...

J u l c h e n. Bei Ihnen bin ich sehr sicher. Solange ein
Lottchen in der Welt ist, werden Ihre Liebeserklärungen nicht viel zu bedeuten haben. Sie wollen mich
vielleicht ausforschen; aber Sie werden nichts erfahren.

S i e g m u n d. Meine Schöne, ich wollte wünschen, daß
ich aus Verstellung redte; aber ach nein! Denken Sie
denn, daß man ...

J u l c h e n. Und was?

S i e g m u n d. Daß man Sie sehn und doch unempfindlich bleiben kann?

J u l c h e n. Sie spielen die Rolle des Herrn Damis, wie ich sehe.

S i e g m u n d. So werde ich sehr unglücklich sein, weil Sie mit seiner Rolle nicht zufrieden sind.

J u l c h e n. Was verlieren denn Sie und meine Schwester, wenn ich seine Wünsche nicht erfülle?

S i e g m u n d. Vielleicht gewönne ich. Vielleicht würden Sie die Absichten des aufrichtigsten Herzens sehn. Ich verehre Sie; doch ... wie kann ich Ihnen das sagen, was ich empfinde!

J u l c h e n. Sie können eine fremde Person vortrefflich annehmen. Aber auch die Liebe im Scherze beunruhigt mich. Ich weiß nicht, wo meine Schwester bleibt. Ich möchte doch wissen, was sie mir zu sagen hätte; sie küßte mich vor Freuden. Es muß etwas Wichtiges sein. Ich muß sie nur suchen. Verziehn Sie einen Augenblick.

ZWÖLFTER AUFTRITT

Siegmund allein.

Ich Abscheu! Was habe ich getan? Ich werde der redlichsten Seele untreu, die mich mit Entzückung liebt? Ich ...? Aber wie schön, wie reizend ist Julchen! Sie liebt ihn noch nicht ... Und mir, mir ist sie gewogen? Aber die Vernunft ...? Sie soll schweigen ... Mein Herz mag die Sache ausführen. ... Mißlingt mir meine Absicht: so bleibt mir Lottchen noch gewiß. ... Hat sie mir nicht selbst befohlen, mich verliebt in Julchen zu stellen? Werde ich ihr darum untreu? Wie? Sie kömmt noch einmal? Sucht sie mich mit Fleiß?

DREIZEHNTER AUFTRITT

Siegmund. Julchen. Der Magister.

J u l c h e n *(zu Siegmund).* Lottchen will mir nichts eher sagen, bis Herr Damis wiederkömmt. Er ist eine halbe Stunde nach Hause gegangen, und Sie sollen so gütig sein und zu dem Papa kommen. Er wartet mit dem Kaffee auf Sie.

S i e g m u n d. Nach Ihrem Befehle. Aber darf ich hoffen?

J u l c h e n. Weil Sie in der Sprache der Liebhaber reden: so muß ich Ihnen in der Sprache der Schönen antworten: Sie müssen mit meinem Papa davon sprechen.

D e r M a g i s t e r. Ja, Herr Siegmund, mein Bruder wartet auf Sie, und ich möchte gern ein Wort mit Jungfer Julchen allein sprechen.

VIERZEHNTER AUFTRITT

Julchen. Der Magister.

J u l c h e n. Herr Magister, wollen Sie mir etwa sagen, was mir Lottchen Neues erzählen will?

D e r M a g i s t e r. Nein, ich habe sie gar nicht gesehn. Ich komme aus meiner Studierstube und habe zum Zeitvertreibe in einem deutschen Fabelbuche gelesen. Wenn Sie mir zuhören wollten: so wollte ich Ihnen eine Fabel daraus vorlesen, die mir ganz artig geschienen hat. Ich weiß, Sie hören gerne witzige Sachen.

J u l c h e n. Ja, aber nur heute nicht, weil ich gar zu unruhig bin. Sie lesen mir ja sonst keine Fabeln vor. Wie kommen Sie denn heute auf diesen Einfall? Ja, ich weiß wohl eher, daß Sie mir eine ziemliche finstere Miene gemacht haben, wenn Sie mich in des Fontaine oder Hagedorns Fabeln haben lesen sehen.

D e r M a g i s t e r. Sie haben recht. Ich halte mehr auf gründliche Schriften. Und das Solide ist für die Welt allemal besser als das Witzige. Aber wie man den Verstand nicht immer anstrengen kann: so ist es auch erlaubt, zuweilen etwas Seichtes zu lesen. Wollen Sie die Fabel hören? Sie heißt *Die Sonne*.

J u l c h e n. O ich habe schon viele Fabeln von der Sonne gelesen! Ich will es Ihnen auf Ihr Wort glauben, daß sie artig ist. Lesen Sie mir sie nur nicht vor.

D e r M a g i s t e r. Jungfer Muhme, ich weiß nicht, was Sie heute für eine verdrießliche Gemütsart haben.

Ihnen zu gefallen, verderbe ich mir etliche kostbare
Stunden. Ich arbeite für Ihr Glück, für Ihre Beruhigung. Und Sie sind so unerkenntlich und beleidigen
mich alle Augenblicke dafür? Bin ich Ihnen denn so
geringe? Verdienen meine Absichten nicht wenigstens
Ihre Aufmerksamkeit? Sind denn Ihre Pflichten gegen
mich durch die Blutsverwandtschaft nicht deutlich
genug bestimmt? Warum widersprechen Sie mir denn?
Kann ich etwas dafür, daß Sie nach der Vernunft verbunden sind, zu heiraten? Habe ich den Gehorsam,
den Sie Ihrem Herrn Vater und mir schuldig sind, etwa
erdacht? Ist er nicht in dem ewigen Gesetze der Vernunft enthalten?

J u l c h e n. Sie schmälen auf mich, Herr Magister; aber
Sie schmälen doch gelehrt, und deswegen will ich mich
zufriedengeben. Darf ich bitten: so lesen Sie mir die
Fabel vor, damit ich wieder zu meiner Schwester gehn
kann. Sie wissen nicht, wie hoch ich Sie schätze.

D e r M a g i s t e r. Warum sollte ich's nicht wissen?
Wenn Sie gleich nicht den schärfsten Verstand haben,
so haben Sie doch ein gutes Herz. Und ich wollte
wetten, wenn Sie statt der *Bremischen Beiträge* und
anderer solchen leichten Schriften eine systematische
Moralphilosophie läsen, daß Sie bald anders sollten
denken lernen. Wenn Sie die Triebe des Willens und
ihre natur philosophisch kennen sollten: so würden
Sie sehen, daß der Trieb der Liebe ein Grundtrieb
wäre, und also . . .

J u l c h e n. Sie reden mir so viel von der Liebe vor.
Haben Sie denn in Ihrer Jugend auch geliebt? Kennen
Sie denn die Liebe recht genau? Was ist sie denn? Ein
Rätsel, das niemand auflösen kann.

D e r M a g i s t e r. Als der Verstand genug hat, in die
Natur der Dinge zu dringen. Die Liebe ist eine Übereinstimmung zweener Willen zu gleichen Zwecken. Mich
deucht, dies ist sehr adäquat. Oder soll ich Ihnen eine
andere Beschreibung geben?

J u l c h e n. Nein, ich habe mit dieser genug zu tun.
Sagen Sie mir lieber die Fabel. Ich muß zu meiner
Schwester.

Der Magister. Ja, ja, die Fabel ist freilich nicht so schwer zu verstehen als eine Kausaldefinition. Sie ist kurz, und sie scheint mir mehr eine Allegorie als eine Fabel zu sein. Sie klingt also: Die Sonne verliebte sich, wie man erzählt, einsmals in den Mond. Sie entdeckte ihm ihre Wünsche auf das zärtlichste; allein der Mond blieb seiner Natur nach kalt und unempfindlich. Er verlachte alle die Gründe, womit ihn einige benachbarte Planeten zur Zärtlichkeit gegen die Sonne bewegen wollten. Ein heimlicher Stolz hieß ihn spröde tun, ob ihm die Liebe der Sonne gleich angenehm war. Er trotzte auf sein schönes und reines Gesicht, bis es eine Gottheit auf das Bitten der Sonne mit Flecken verunstaltete. Und dies sind die Flecken, die wir noch heutzutage in dem Gesichte des Monden finden. Dies ist die Fabel. Was empfinden Sie dabei?

Julchen. Ich empfinde, daß sie mir nicht gefällt und daß der Verfasser ihrer noch viel machen wird. Ich will doch nicht hoffen, daß Sie diese Erzählung im Ernste für artig halten.

Der Magister. Freilich kann der Verstand bei witzigen Sachen seine Stärke nicht sehen lassen. Aber wie? wenn ich die Fabel selbst gemacht hätte?

Julchen. So würde ich glauben müssen, daß die Schuld an mir läge, warum sie mir nicht schön vorkömmt.

Der Magister. Sie wissen sich gut herauszuwickeln. Ich will es Ihnen gestehen. Es ist meine Arbeit. Ich will mich eben nicht groß damit machen, denn Witz kann auch ein Ungelehrter haben. Aber wollten Sie diese Fabel wohl auflösen? Was soll die Moral sein?

Julchen. Das werden Sie mir am besten sagen können.

Der Magister. Die Moral soll etwan diese sein: Ein schönes Frauenzimmer, die gegen den Liebhaber gar zu lange spröde tut, steht in der Gefahr, daß das Alter ihr schönes Gesicht endlich verwüstet.

Julchen. Sie sind heute recht sinnreich, Herr Magister. Ich merke, die Fabel geht auf mich. Ich bin der Mond. Herr Damis wird die Sonne sein, und die Planeten werden auf Sie und meine Schwester zielen. Habe ich nicht alles erraten?

D e r   M a g i s t e r. Ich sehe wohl, wenn man Ihnen
seine Gedanken unter Bildern vorträgt: so machen sie
einen großen Eindruck bei Ihnen. Jungfer Muhme,
denken Sie unmaßgeblich an die Fabel und widerstehen Sie der Liebe des Herrn Damis nicht länger. Was
soll ich Ihrem Papa für eine Antwort bringen?
J u l c h e n. Sagen Sie ihm nur, daß ich über Ihre Fabel
hätte lachen müssen: so verdrießlich ich auch gewesen
wäre. Ich habe die Ehre, mich Ihnen zu empfehlen.

FUNFZEHNTER AUFTRITT

Der Magister. Cleon. Siegmund.

C l e o n. Nun, mein lieber Magister, was spricht Julchen?
Ich denke, sie wird sich wohl ohne deine Fabel zur
Liebe entschlossen haben.
D e r   M a g i s t e r. Sie bleibt unbeweglich. Ich weiß
nicht, warum ich mir des eigensinnigen Mädchens wegen so viel Mühe gebe. Wer weder durch philosophi-
sche noch durch sinnliche Beweise zu bewegen ist, den
muß man seinem Wahne zur Strafe überlassen. Ich
sage ihr kein Wort mehr. So geht es, wenn man seinen
Kindern nicht beizeiten ein gründliches Erkenntnis von
der Moral beibringen läßt. Ich habe mich zehnmal
erboten, deine Töchter denken zu lehren und ihnen die
Grundursachen der Dinge zu zeigen. Aber nein, sie
sollten witzig und nicht vernünftig werden.
S i e g m u n d. Mein Herr, dies war ein verwegner Ausspruch. Ist Julchen nicht vernünftig genug?
D e r   M a g i s t e r. Warum denn nur Julchen? Ich verstehe Sie. Ich habe ein andermal die Ehre, Ihnen zu
antworten. Itzt warten meine Zuhörer auf mich.

SECHZEHNTER AUFTRITT

Cleon. Siegmund.

C l e o n. Ich weiß nicht, wem ich glauben soll, ob dem
Magister oder Lottchen? Diese spricht, Julchen liebt

den Herrn Damis, und jener spricht: nein. Er hat ja
Verstand. Sollte er denn die Sache nicht einsehen?
Sagen Sie mir doch Ihre aufrichtige Meinung, Herr
Siegmund.

S i e g m u n d. Ich komme fast selbst auf die Gedanken,
daß Julchen den Herrn Damis nicht wohl leiden kann.

C l e o n. Aber was soll denn daraus werden? Wenn sie
schon etwas von der Erbschaft wüßte: so dächte ich,
das Rittergut machte sie stolz. Herr Damis ist so redlich gewesen und hat sie zur Frau verlangt, da sie arm
war. Nun soll sie ihn, da sie reich ist, zur Dankbarkeit
heiraten. Sie wird sich wohl noch geben.

S i e g m u n d. Aber Sie wissen wohl, daß der Zwang in
der Ehe üble Früchte bringt.

C l e o n. Es wird schon gehen. Ich verlasse mich auf die
Fügung. Und ich wollte wohl wünschen, Herr Siegmund, wenn Sie anders noch willens sind, meine Tochter Lottchen zu ehelichen, daß ich heute ein doppeltes
Verlöbnis ausrichten könnte.

S i e g m u n d. Ja, wenn nur meine Umstände... Ich
habe einige hundert Taler Schulden ...

C l e o n. Gut. Julchen soll Ihre Schulden von ihrer Erbschaft bezahlen und Ihnen auch noch tausend Taler
zum Anfange in der Ehe geben.

S i e g m u n d. Das ist sehr schön; aber ...

C l e o n. Sie kriegen an Lottchen gewiß eine verständige
Frau. Das Mädchen hat fast gar keinen Fehler, und ihr
Gesichte ist auch nicht schlecht. Ich darf's ihr nur nicht
sagen, aber sie sieht eine Sache manchmal besser ein
als ich. Wenn doch die Abschrift von dem Testamente
bald käme! Also, wollen Sie Lottchen haben?

S i e g m u n d. Ja, ich wünsche mir Lottchen. Ich gehorche Ihnen als meinem Vater. Aber darf ich Ihnen
sagen, daß es scheint, daß mir Julchen gewogener ist
als dem Herrn Damis; und daß Lottchen hingegen mit
diesem sehr zufrieden zu sein scheinet. Darf ich Ihnen
wohl sagen, daß mir Julchen nur itzt noch befohlen
hat, bei Ihnen um sie anzuhalten und ...

C l e o n. Was höre ich? Nun errate ich, warum das Mädchen sich so geweigert hat. Lieber Herr Siegmund, ich

beschwöre Sie, sagen Sie mir, was bei der Sache anzu-
fangen ist. Ich vergehe, ich ... Ja doch. Julchen kann
Ihnen gewogen sein, aber Lottchen ist Ihnen noch gewogener.

S i e g m u n d. Sie haben vollkommen recht, lieber Papa.

C l e o n. Also will Lottchen zwei Männer und Herr
Damis zwo Weiber haben? Das ist ja unsinnig.

S i e g m u n d. Es ist eine verwirrte Sache, bei der ich
eine sehr ungewisse Person spiele. Das beste wird sein,
daß Sie alles so geheimhalten, als es möglich ist, und
die Verlobung mit dem Herrn Damis etwan noch acht
Tage anstehen lassen. Vielleicht besinnt sich Julchen
anders.

C l e o n. Lieber Gott, zu wem wollte ich davon reden als
zu Ihnen? Ich müßte mich ja schämen.

S i e g m u n d. Wenn Lottchen den Herrn Damis freiwillig wählen sollte: so bin ich viel zu redlich, als daß
ich ihr einen Mann mit so großem Vermögen entziehen
will.

C l e o n. Sie sind die Großmut selbst. Ich kann alles
zufrieden sein. Ich wollte Ihnen Julchens Vermögen
ebensowohl gönnen als dem Herrn Damis. Freilich
wäre die Einteilung nicht uneben. Lottchen wäre durch
Herrn Damis' Vermögen und Ihnen durch Julchens
Erbschaft geholfen. Ich weiß nicht, was ich anfangen
soll.

S i e g m u n d. Also wollten Sie mir, wenn es so weit
kommen sollte, Julchen versprechen?

C l e o n. Aber Lottchen hat Sie so lieb, lieber als mich.
Und ich dächte, es wäre unbillig, daß Sie sie vergäßen.
Ich kann mir nicht einbilden, daß meine Tochter so
unbeständig sein sollte. Ich habe sie selber vielmal für
Sie beten hören, daß es Ihnen der Himmel möchte
wohlgehen und Sie ihr zum Vergnügen leben lassen,
wenn es sein Wille wäre. Sollte sie denn so leichtsinnig
sein? Nein. Sie irren sich wohl.

S i e g m u n d. Eben deswegen wollen wir die Sache noch
geheimhalten. Ich liebe Lottchen wie meine Seele, und
ich werde sie auf alle Art zu erhalten suchen.

C l e o n. Wir wollen heute zusehn. Wir wollen genau

auf alles achtgeben. Ich denke gewiß, es soll bei der
ersten Einrichtung bleiben. Ich will Ihnen Lottchen mit
einer guten Art herschicken. Sagen Sie ihr nur recht
viel Zärtliches vor. Sie hört es gern. Julchen will ich
selber noch einmal ausforschen; aber ganz schlau. Ich
habe mich lange aufgehalten und den Herrn Simon
alleine gelassen. Wenn es nur der rechtschaffene Mann
nicht übelnimmt.

SIEBENZEHNTER AUFTRITT

Siegmund allein.

Das geht gut. Julchen wird noch meine ... Sie
ist schön, reich und wohlgesittet, aufrichtig, edelge-
sinnt ... Aber, Himmel, wenn Lottchen mein Vor-
haben erfahren sollte! Würde sie mein Herz nicht ver-
fluchen? ... Doch nein. Sie ist sicher. Sie liebt mich ...
Aber was quält mich? Sind es die Schwüre, die ich
ihr ...? Unkräftige Schwüre der Treue, euch hört der
Himmel nicht ... O Julchen, wie reizend bist du! Dich
zu besitzen, ist dies kein gerechter Wunsch?

ACHTZEHNTER AUFTRITT

Siegmund. Lottchen.

L o t t c h e n. Itzt kommen sie beide. Nun wollen wir's
ihnen entdecken. Wie wird sich Julchen erfreuen, o wie
wird sie sich erfreuen! Und Sie, mein Freund, Sie
haben mich doch noch lieb? Vergeben Sie mir diese
überflüssige Frage.

S i e g m u n d. Ja, meine Schöne, ich liebe Sie ewig und
bin durch Ihre Liebe für meine Treue unendlich belohnet. O könnte ich Sie doch vollkommen glücklich
machen! *(Er küßt sie.)* Um dies Vergnügen muß mich
ein Prinz beneiden. Hier kommen sie. Erlauben Sie,
meine Schöne, der Papa wartet schon lange mit dem
Kaffee auf mich. Er möchte ungehalten werden.

NEUNZEHNTER AUFTRITT

Lottchen. Julchen. Damis.

L o t t c h e n *(zu Damis).* Ich wollte Ihnen ein schönes,
junges, liebenswürdiges Frauenzimmer mit einem Rittergute anbieten, wenn Sie Julchen wollen fahren
lassen.

J u l c h e n. Ist das die Neuigkeit?

D a m i s. Und wenn Ihr Frauenzimmer zehn Rittergüter
hätte: so würde mir Julchen auch in einer Schäferhütte
besser gefallen.

J u l c h e n. Was reden Sie? Hören Sie doch Lottchen an.
Wer weiß, wie glücklich Sie werden! Ich gönne es
Ihnen und der andern Person. Lottchen, wer ist sie
denn?

L o t t c h e n. Es ist ein artiges Kind. Sie hat ein Rittergut für funfzigtausend Reichstaler. Sie ist wohler-
zogen.

J u l c h e n. So? Aber, wo... Wie heißt sie denn?

L o t t c h e n. Sie ist fast so schön wie du.

J u l c h e n. Das mag ich ja nicht wissen. Wenn ich schön
bin: so wird mir's der Spiegel sagen. So muß keine
Schwester mit der andern reden. Sage es dem Herrn
Damis allein. Ich werde wohl nicht dabei nötig sein.
(Sie will gehn.)

D a m i s. Ach, liebe Mamsell, gehn Sie noch nicht. Ich
gehe mit Ihnen.

J u l c h e n. Das wird sich nicht schicken. Das Frauenzimmer mit dem Rittergute, das sich in Sie verliebt
hat, würde es sehr übelnehmen. Es ist gut, daß Sie sich
bei mir in den Liebeserklärungen geübt haben. Nunmehr werden sie Ihnen wenig Mühe machen.

L o t t c h e n. Höre nur, meine Schwester. Es kömmt
erst darauf an, ob das Frauenzimmer dem Herrn
Damis gefallen wird. Sie hat freilich schöne große
blaue Augen, fast wie du; eine gefällige Bildung und
eine recht erobernde Miene; kleine volle runde Hände.
(Julchen sieht ihre Hände an.) Sie ist dem Herrn
Damis gut; aber sie liebt auch die Freiheit.

J u l c h e n. O ich weiß gar nicht, was du haben willst?

Kurz, wie heißt denn das Frauenzimmer, die den Herrn Damis liebt?

L o t t c h e n. Sie heißt ebenfalls, wie du, Julchen.

J u l c h e n. Oh! du willst mich zum Kinde machen.

L o t t c h e n. Nein, Julchen, ich kündige hiermit dir und deinem Liebhaber ein ansehnliches Glück an. Die selige Frau Muhme hat dir in ihrem Testamente ihr ganzes Rittergut vermacht. Herr Simon hat uns die Nachricht nur itzt gegeben, und ich habe ihn gebeten, daß er mir die Freude gönnen möchte, sie euch beiden zuerst zu hinterbringen. Meine liebe Schwester, ich wünsche dir tausend Glück zu deiner Erbschaft, und Ihnen, mein Freund, wünsche ich meine Schwester. Wie glücklich bin ich heute!

J u l c h e n. Was? Das ganze Rittergut? Und dir nichts? Hätte sie es denn nicht teilen können? Ist es denn auch gewiß? Kann es nicht ein Mißverstand sein? Warum hat sie denn dir nichts vermacht?

L o t t c h e n. Wenn sie dich nun lieber gehabt hat als mich. Genug, die Erbschaft ist deine und für dich bestimmt gewesen. Ich habe genug, wenn ich künftig ohne Kummer mit meinem Geliebten leben kann. Ach, Julchen, ich weiß, daß dem Papa ein jeder Augenblick zu lang wird, bis er dir seinen Glückwunsch abstatten kann. Ich habe ihn gebeten, dich nichts merken zu lassen, bis ich mit dir geredt hätte.

D a m i s. Ich erstaune ganz. Vielleicht wäre es ein Glück für mich, wenn kein Testament wäre. Ach, mein liebes Julchen, soll ich Sie verlieren?

J u l c h e n. Lottchen, ich teile das Gut mit dir und dem Papa. Nein, ganz wünsche ich mir es nicht. Ich verdiene es auch nicht. Traurige Erbschaft!... Ich war unruhig vor dieser Nachricht, und ich bin noch nicht vergnügt. *(Sie sieht den Damis an.)* Und Sie, mein Herr...?

D a m i s. Und Sie, meine Schöne...?

L o t t c h e n. Kommt, sonst geht die traurige Szene wieder an. Ich weiß, daß der Papa schon ein wenig geschmälet haben wird.

ZWANZIGSTER AUFTRITT

Die Vorigen. Cleon.

C l e o n. Ihr losen Kinder, wo bleibt ihr denn? Soll sich
der Kaffee selber einschenken?

L o t t c h e n. Schmälen Sie nicht, lieber Papa. Ihre Töchter sind in guten Händen. Wir waren gleich im Begriffe, zu Ihnen zu kommen...

J u l c h e n. Ach, lieber Papa...

C l e o n. Nun, was willst du? Soll ich dir zu deinem
Glücke gratulieren? Ich habe vor Freuden schon darüber geweint. Hast du auch Gott für die reiche Erbschaft gedankt? Du gutes Kind. Ach Lottchen, geh doch
und schenke dem Herrn Simon noch eine Tasse Kaffee
ein. Er will alsdann gehn und sich um die Abschrift des
Testaments bemühn. Sie, Herr Damis, sollen so gütig
sein und ihm Gesellschaft leisten.

D a m i s. Von Herzen gern.

*(Er geht mit Lottchen und Julchen, und der Vater winkt
Julchen.)*

EINUNDZWANZIGSTER AUFTRITT

Cleon. Julchen.

C l e o n. Nun, meine Tochter, wie steht es mit deinem
Herzen? Es muß dir doch lieb sein, daß du ein Rittergut hast.

J u l c h e n. Ja, deswegen, damit ich's Ihnen und meiner
Schwester anbieten kann.

C l e o n. Du gutes Kind! Behalte, was dein ist. Willst du
deiner Schwester etwas geben; wohl gut. Ich werde
schon, solange ich lebe, Brot in meinem kleinen Hause
haben. Aber, was spricht Herr Damis? Hat auch der
eine Freude über deine Erbschaft?

J u l c h e n. Meine Erbschaft scheint ihm sehr gleichgültig
zu sein.

C l e o n. Ja, ja, er hat freilich selber genug Vermögen.
Aber du mußt auch bedenken, daß er dich gewählt hat,
da du noch ein armes Mädchen warest. Ach, wenn du

wissen solltest, wieviel Gutes mir der Herr Vormund
itzt von ihm erzählet hat, du würdest ihn gewiß lieben! Ich habe immer gedacht, er wäre nicht gar zu
gelehrt, weil er nicht so hoch redt wie mein Bruder,
der Magister; allein, sein Vormund hat mich versichert,
daß er ein rechter scharfsinniger Mensch wäre und
mehr gute Bücher gelesen hätte, als Stunden im Jahre
wären. Wer hätte das denken sollen?

J u l c h e n. Daß er gelehrt ist, habe ich lange gewußt;
allein daß ich's nicht bin, weiß ich leider auch. Vielleicht sucht er die Gelehrsamkeit bei einem Frauenzimmer und nicht ein Rittergut.

C l e o n. Du redst artig. Da werden die Töchter stu-
dieren können wie die Söhne. Du kannst ja auf der
Laute spielen. Du kannst schön singen. Du kannst dein
bißchen Französisch. Du schreibst einen feinen Brief
und eine gute Hand. Du kannst gut tanzen, verstehst
die Wirtschaft und siehst ganz fein aus, bist ehrlicher
Geburt, gesittet und fromm und nunmehr auch ziemlich reich. Was will denn ein Mann mehr haben? Herr
Damis liebt dich gewiß. Mache, daß ich ihn bald Herr
Sohn und dich Braut heißen kann.

J u l c h e n. Braut? Das weiß ich nicht. Sollte er mich
lieben? Papa, Sie haben mich wohl zu sehr gelobt.
Meine Schwester kann ja ebensoviel und noch mehr als
ich.

C l e o n. Es ist itzt die Rede nicht von deiner Schwester.
Sie hat ihren Herrn Siegmund und verlangt kein großes Glück. Gib ihr etwas von deinem Vermögen: so
wird sie vollkommen zufrieden sein. Und so will ich
sie gleich heute verloben. Oder möchtest du Herrn
Siegmunden lieber zum Manne haben?

J u l c h e n. Ich, Papa? Herrn Siegmunden? Wie kommen Sie auf die Gedanken? Wenn ich lieben wollte:
warum sollte ich nicht den Herrn Damis lieben? Hat
er nicht vielleicht noch mehr Verdienste als jener? Und
wenn auch dieser liebenswürdiger wäre, da er es doch
nicht ist, wie könnte ich ohne Verbrechen an ihn denken, da ihn meine Schwester und er sie so zärtlich
liebt?

C l e o n. So gefällst du mir. Ich bin ein rechter glücklicher Vater. *(Er klopft sie auf die Backen.)* Meine
liebe schöne Tochter, bleibe bei den Gedanken. Du
wirst wohl dabei fahren. Nicht wahr, du hast den
Herrn Damis viel lieber als Herrn Siegmunden? Dieser
scheint mir zuweilen ein bißchen leichtsinnig zu sein
oder doch lose. Ich habe alleweile mit dem Herrn
Simon von ihm gesprochen und allerhand . . .

J u l c h e n. Papa, wenn ich mich zur Liebe entschließe:
so gebe ich Ihnen mein Wort, daß ich einen Mann
wähle, wie Herr Damis ist. Wenn ich nur nicht meine
Freiheit dabei verlöre! Wenn ich nur wüßte, ob ich
ihn etwan schon gar liebte! Nein, Papa, ich liebe ihn
noch nicht. Ich habe eine so reiche Erbschaft getan, und
gleichwohl bin ich nicht zufriedner. Ob ich etwan gar
krank werde?

C l e o n. Ja, wohl kann man vor Liebe krank werden.
Aber die Gegenliebe macht wieder gesund. Ich spräche
ja, wenn ich wie du wäre, damit ich der Krankheit
zuvorkäme.

J u l c h e n. Ach! Papa.

C l e o n. Ach! Du sollst nicht „Ach", du sollst „Ja" sprechen. Du gefällst ihm ganz ausnehmend. Er wird dich
wie sein Kind lieben.

J u l c h e n. Aber werde ich ihm stets gefallen?

C l e o n. Das kannst du denken. Woran stößt sich denn
dein Herz noch? Befürchtest du denn gar, daß er dir
künftig untreu werden möchte? Nimmermehr! Der
Herr Vormund hat mir gesagt, daß dein Liebster sehr
viel Religion hätte und oft zu sagen pflegte, daß er
kein Mensch sein möchte, wenn er nicht zugleich ein
Christ sein sollte. Er wird dich gewiß zeitlebens für
gut halten. Er wird seine Schwüre nicht brechen.

J u l c h e n. Ich höre keine Schwüre von ihm. Würde er
seine Liebe nicht beteuern, wenn er mich . . .?

C l e o n. Das ist schön, daß er nicht schwört. Um desto
mehr kannst du auf sein Wort bauen. Das öffentliche
Versprechen ist eben der Schwur in der Liebe. Und
diesen Schwur will er heute tun, wenn du ihn zugleich
tun willst.

J u l c h e n. Papa, ich bin unentschlossen und ungeschickt, die Sache recht zu überlegen. Lassen Sie mir noch Zeit.

C l e o n. Bis auf den Abend bei Tische sollst du Zeit haben. Alsdann sprich „Ja“ oder „Nein“. Die Sache ist ernstlich gemeint. Ich habe dir mein Herz entdeckt. Du hast meine Einwilligung. Mache es, wie du willst. Komm, dein Liebster wird sich schon recht nach dir umgesehen haben. Die beiden schwarzen Pflästerchen lassen recht hübsch zu deinem Gesichte. Bist du denn etwan ausgefahren?

J u l c h e n. Ja, ich habe zu Mittage ein Glas Wein getrunken.

C l e o n. Nun, nun, es wird schon wieder vergehen, ehe du mir einen Gevatterbrief schickst. Komm und führe mich bei der Hand. Ich möchte gern einmal von einer Braut geführet werden.

(Ende des zweiten Aufzugs.)

DRITTER AUFZUG

ERSTER AUFTRITT

Siegmund. Julchen.

J u l c h e n. Was sagen Sie mir? Das glaube ich in Ewigkeit nicht.

S i e g m u n d. Ich aber glaube es.

J u l c h e n *(bestürzt)*. Hat er es Ihnen denn selbst gesagt? Ich Unglückliche!

S i e g m u n d. Er hat mir's nicht mit deutlichen Worten gesagt: aber es ist gewiß, daß er Ihnen Lottchen weit vorzieht. Ich wollte ihm diese Beleidigung, so groß sie auch ist, gern vergeben, wenn er nur Sie nicht zugleich beleidigte. Ich bedaure Sie, mein Engel. Ich weiß, Sie meinen es aufrichtig und werden meine Redlichkeit dadurch belohnen, daß Sie dem Unbeständigen wenigstens meinen Namen verschweigen.

J u l c h e n. War dies die Ursache seiner Traurigkeit?
   Der Treulose! Was hat er für Vorteil davon, ein un-
   erfahrnes Herz zu betrügen? Wenn er mir aus Rache
   das Leben hätte nehmen wollen: so würde ich ihn noch
   nicht hassen. Aber daß er mich unter der Maske der
   Liebe und Aufrichtigkeit hintergeht, ist die schand-
   barste Tat.
S i e g m u n d. Er wird es leugnen, denken Sie an mich.
J u l c h e n. Der Verräter! Ja, er soll es leugnen. Ich
   mag dieses Verbrechen nie aus seinem Munde erfahren.
   Ich will ihn nicht bestrafen. Nein! Sein Gewissen wird
   mich rächen … Wie? Er? dem ich heute mein Herz
   schenken … doch nein, ich habe ihn nicht geliebt. Aber
   hat er nicht tausendmal gesagt, daß er mich liebte?
   Hält man sein Wort unter den Männern nicht besser?
S i e g m u n d. O meine Freundin, lassen Sie das Verbrechen eines einzigen nicht auf unser ganzes Geschlecht fallen. Sollten Sie mein Herz sehen! Ja …
   auch der Zorn macht Sie noch liebenswürdiger.
J u l c h e n. Verlassen Sie mich, liebster Freund. Ich
   will … Und du, meine Schwester, du schweigst? Und
   alles dies tust du, o Liebe, du Pest der Menschen! …
   Verlassen Sie mich. Ich verspreche Ihnen bei meiner
   Ehre, Ihren Namen nicht zu entdecken und Ihre Aufrichtigkeit zeitlebens zu belohnen. Aber kommen Sie
   bald wieder hieher.
S i e g m u n d. Sobald, als ich glaube, daß sich Ihre Hitze
   etwas gelegt haben wird.

ZWEITER AUFTRITT

Julchen. Damis.

J u l c h e n *(die ihn in der Hitze nicht kommen sieht).*
   Eben zu der Zeit, da er mir die teuresten Versicherun-
   gen der Liebe gibt, wird er auch untreu …? Und ich,
   ich kann ihn noch nicht hassen? Bin ich bezaubert?
D a m i s. Allerliebstes Kind, sehen Sie mich denn nicht?
   Mit wem reden Sie?
J u l c h e n. Mit einem Betrüger, den ich geliebt haben

würde, wenn ich weniger von ihm erfahren hätte.
(Gelinder.) Ist es Ihnen möglich gewesen, mich zu hintergehn? Mich? die ich schon anfing, Sie im Herzen
allen Personen Ihres Geschlechts vorzuziehn? Warum
handeln Sie so grausam und erwecken eine Neigung in
mir, die ich verabscheuen muß, nachdem ich sie gefühlt
habe? Doch um Ihnen zu zeigen, was Sie für ein
Herz hintergangen haben: so sage ich Ihnen, daß ich
Sie niemals hassen, daß ich mich vielmehr bemühen
werde, Ihren Fehler vor mir selbst zu verbergen.

D a m i s. Ich Unglücklicher! Ist der Betrüger der Name,
den ich verdiene? Ich entschuldige mich nicht einen
Augenblick, erzürnte Freundin. Ich sage Ihnen vielmehr mit dem Stolze eines guten Gewissens, daß mein
Herz gar keines Betrugs fähig ist. Ich verlange es auch
nicht zu wissen, wer Ihnen die üble Meinung beige-
bracht hat. Die Zeit wird mich schon rechtfertigen.

J u l c h e n. Und Sie sprechen noch mit so vielem Stolze?

DRITTER AUFTRITT

Die Vorigen. Lottchen.

D a m i s *(zu Lottchen)*. Kommen Sie, meine Freundin,
und fangen Sie an, mich zu hassen. Ich soll meine
Juliane hintergangen haben.

L o t t c h e n. Haben Sie sich beide schon ein wenig ge-
zankt? Vermutlich über die ersten Küsse.

D a m i s *(zu Julchen)*. Verklagen Sie mich doch bei
Ihrer Jungfer Schwester. Sagen Sie ihr doch mein
Verbrechen.

J u l c h e n. Vielleicht fände ich da die wenigste Hülfe.

L o t t c h e n. Ach, Julchen, wenn die selige Frau Muhme
es hätte wissen sollen, daß du dich an dem Tage deiner Verlobung mit deinem Bräutigam zanken würdest: sie hätte dir nicht einen Ziegel von ihrem Rittergute vermacht. Ich habe die gute Hoffnung, daß der
Krieg nicht lange dauern wird. Dein Herz ist von
Natur friedfertig, wenngleich die Liebe etwas zän-
kisch ist.

J u l c h e n. O scherze nicht.

L o t t c h e n *(zu Damis).* Sehn Sie nur Ihre liebe Braut
recht an. Haben Sie sie durch eine kleine Liebkosung
erbittert gemacht: so wollte ich Ihnen den Rat geben,
sie durch zwo neue zu besänftigen. Julchen, rede wenigstens mit mir, wenn es Herr Damis nicht verdient.
Oder wenn er dich ja beleidiget hat: so laß dir den
Kuß wiedergeben: so seid ihr geschiedene Leute. Was
habt ihr denn miteinander?

J u l c h e n. Was wir miteinander haben? Das werde ich
in deiner Gegenwart nicht sagen können. Ich glaube
zwar gar nicht, daß du ihm Gelegenheit gegeben hast.
Und was kann er dafür, daß du liebenswürdiger bist
als ich? Auch sein Vergehn ist noch ein Verdienst. Er
würde dich nicht lieben, wenn er nicht die größten
Vorzüge zu lieben gewohnt wäre. Ich entschuldige
ihn selbst.

L o t t c h e n. Du gutes Kind! Also bin ich deine Neben-
buhlerin! Du dauerst mich in Wahrheit. Ich will dir
das ganze Geheimnis eröffnen. Kommen nicht die Beschuldigungen wider deinen Liebhaber von Herrn
Siegmunden her? Ich kann mir's leicht einbilden. Er
hat sich in dich verliebt stellen sollen, um dich zu
überführen, daß du vielleicht schon liebtest. Er wird
also die List gebraucht und dich beredt haben, daß
Herr Damis mich liebte. Vergib ihm diesen Scherz.
Er hat seine Rolle gar zu gut gespielt.

J u l c h e n. Er tat sehr ernstlich und . . .

D a m i s *(zu Julchen).* Sehn Sie, was ich für ein betrü-
gerisches Herz habe?

J u l c h e n. Aber . . .

D a m i s. Sie können noch ein Mißtrauen in mich setzen? Wie wenig müssen Sie mich kennen!

J u l c h e n. Ich? mein Herr . . .

D a m i s. Ist das der Lohn für meine Liebe?

J u l c h e n. Der Lohn? Hassen Sie mich denn? Würde
ich eifersüchtig geworden sein, wenn ich nicht . . .
Also haben Sie mich nicht hintergangen? Ja, mein ganzes Herz hat für Sie gesprochen.

L o t t c h e n. Du hast dich fangen lassen, meine gute

Schwester. Und ich merke, daß es dir schon weh tut, daß du deinen Geliebten wegen deiner Hitze noch nicht um Vergebung gebeten hast. Ich will es an deiner Stelle tun. *(Zum Damis.)* Mein Herr, sein Sie so gütig und vergeben Sie es Julchen, daß Sie zärtlicher von ihr geliebt werden, als Sie gedacht haben.

Julchen. Nein, wenn ich mich geirrt habe: so bitte ich Ihnen meinen Fehler freiwillig ab.

Damis. Aber lieben Sie mich denn auch?

Julchen. Ja. Nunmehr weiß ich's gewiß, daß ich Sie liebe. Und nunmehr bin ich bereit, dieses Bekenntnis vor meinem Vater und Ihrem Herrn Vormunde zu wiederholen, wenn Ihre Wünsche dadurch befriediget werden.

Damis. Meine Juliane! Ich bin zu glücklich.

Julchen. Wenn ich Ihr Herz noch nicht hätte: so würde ich nunmehr selbst darum bitten, so hoch schätze ich's.

Damis. Vortreffliche Juliane! Ich bin ... Doch es ist mir kein Gedanke anständig genug für Sie. Dieses ist es alles, was ich Ihnen in der Entzückung antworten kann.

Lottchen. Meine liebe Schwester *(sie umarmt Julchen),* deine Liebe sei ewig glücklich! Sei mir ein Beispiel der Zärtlichkeit und der Zufriedenheit. *(Zum Damis.)* Und Sie, mein lieber Herr Bruder, sollen so glücklich sein, als ich meine Schwester zu sehn wünsche. Bleiben Sie ein Freund meines Freundes, und befördern Sie unsere Ruhe durch Ihre Aufrichtigkeit. Kommen Sie, wir wollen zu unserm ehrlichen Vater gehn. Wie froh wird der fromme Alte nicht sein, wenn er Julchens Entschluß hört! Doch ich sehe den Herrn Vormund kommen. Gehn Sie, ich will das Vergnügen haben, diesem rechtschaffenen Mann, der mir heute eine freudige Post gebracht hat, auch die erste Nachricht von der Gewißheit Ihrer beiderseitigen Liebe zu geben.

(Julchen und Damis gehn ab.)

VIERTER AUFTRITT

Lottchen. Simon.

S i m o n. Endlich habe ich die Ehre, Ihnen die Abschrift
von dem Testamente zu bringen. Ich habe sie selbst
geholet. Wollen Sie unbeschwert diesen Punkt lesen?
(Er reicht ihr die Abschrift.)

L o t t c h e n *(sie liest).* Wie? Ich bin die Erbin des Ritterguts? Ich?

S i m o n. Ja, Sie sind es, Mamsell, und nicht Ihre Jungfer Schwester. Der Herr Hofrat, der mir die erste
Nachricht gegeben, muß sich entweder geirret oder
diese kleine Verwirrung mit Fleiß angerichtet haben,
um seiner Jungfer Pate eine desto größere Freude zu
machen. Genug, es ist nunmehr gewiß, daß Sie die
Erbin des Ritterguts sind, und kein Mensch kann
Ihnen dieses Glück aufrichtiger gönnen, als ich tue. Sie
verdienen noch weit mehr.

L o t t c h e n. O das ist ein trauriges Glück! Wird nicht
meine liebe Schwester darüber betrübt werden? Wird
nicht Ihr Herr Mündel ...?

S i m o n. Waren Sie doch viel zufriedner, da ich Ihnen
die erste und nunmehr falsche Nachricht brachte. Lesen Sie doch nur weiter. Sie sind die Erbin des Ritterguts, aber Sie sollen Jungfer Julchen zehntausend Taler abgeben, sobald sie heiraten wird.

L o t t c h e n. Nun bin ich zufrieden. Sie soll noch mehr
haben als zehntausend Taler, wenn sie sich nur nicht
über ihren Verlust kränkt. O was für Bewegungen
fühle ich in meiner Seele! Und was werde ich erst da
empfinden, wenn ich meinen Geliebten vor Freuden
über mein Glück erschrecken sehe? O wie schön wird
er erschrecken! Gott, wie glücklich bin ich! Wenn nur
meine liebe Schwester nicht unruhig wird.

FÜNFTER AUFTRITT

Die Vorigen. Siegmund.

S i e g m u n d. Jungfer Julchen hat, wie ich gleich gehört, endlich ihr Ja von sich gegeben? Ist es gewiß?
Das ist mir sehr angenehm.

L o t t c h e n *(zu Simon).* Ja, sie hat sich nach dem
Wunsche Ihres Herrn Mündels erklärt und wird die
Ehre haben, Sie um einen Bräutigam zu bitten, der
unter Ihren Händen so liebenswürdig geworden ist.
Aber, mein Liebster, hier ist die Abschrift von dem
Testamente. Geht es Ihnen nicht ein wenig nahe, daß
die Frau Muhme uns beide vergessen hat?

S i e g m u n d. Nein, nicht einen Augenblick. Sie sind
mir mehr als ein reiches Testament.

L o t t c h e n. Aber wenn uns Julchen etwas von ihrer
Erbschaft anbieten sollte, wollen wir's annehmen?

S i e g m u n d. Da sie nicht mehr über ihr Herz zu ge-
bieten hat: so hat sie auch nicht über ihr Vermögen
zu befehlen.

S i m o n. O mein Herr, Sie können versichert sein, daß
ihr mein Mündel die völlige Freiheit lassen wird,
freigebig und erkenntlich zu sein. Er sucht seinen
Reichtum nicht in dem Überflusse, sondern in dem
Gebrauche desselben. Er würde Julchen gewählt haben, wenn sie auch keine Erbschaft getan hätte. Und
vielleicht wäre es ihm gar lieber, wenn er ihr Glück
durch sich allein hätte machen können. Wir wollen
wünschen, daß alle Liebhaber so edel gesinnt sein mögen als er.

L o t t c h e n. Hören Sie, Herr Siegmund, was wir für
einen großmütigen Bruder bekommen haben?

S i e g m u n d. Er macht seinem Herrn Vormunde und
uns die größte Ehre.

S i m o n. Ja, ich bin in der Tat stolz auf ihn. Er ist von
seinem zehnten Jahre an in meinem Hause gewesen
und hat bis auf diese Stunde alle meine Sorgfalt für
ihn so reichlich belohnet und mir so vieles Vergnügen
gemacht, daß ich nicht weiß, wer dem andern mehr
Dank schuldig ist.

Lottchen. Dieses ist ein Lobspruch, den ich niemanden als dem Bräutigam meiner Schwester gönne. Und wenn mein Papa sterben sollte: so würde ich Ihr Mündel sein, um ebendieses Lob zu verdienen. O was ist der Umgang mit großen Herzen für eine Wollust! Aber, Herr Simon, darf ich in Ihrer Gegenwart eine Freiheit begehen, die die Liebe gebeut und rechtfertiget? Ja, Sie sind es würdig, die Regungen meiner Seele ohne Decke zu sehen. *(Sie geht auf Siegmund zu und umarmet ihn.)* Endlich, mein Freund, bin ich so glücklich, Ihren Umgang und Ihre Treue gegen mich durch ein unvermutetes Schicksal zu belohnen. Sie haben mich als ein armes Frauenzimmer geliebt. Die Vorsicht hat mich heute mit einer Erbschaft beschenkt, die ich nicht rühmlicher anzuwenden weiß, als wenn ich sie in Ihre Hände bringe. Ich weiß, Sie werden es mir und der Tugend davon wohlgehen lassen. Hier ist eine Abschrift des Testaments, worin ich zur Erbin erkläret bin, anstatt daß es meine liebe Schwester nach unserer Meinung war. Kurz, die Erbschaft ist Ihre, und ein Teil von zehntausend Talern gehört Julchen. Fragen Sie nunmehr Ihr Herz, was Sie mit mir anfangen wollen.

Siegmund. Ohne Ihre Liebe ist mir Ihr Geschenke sehr gleichgültig.

Lottchen. Eben deswegen verdienen Sie's. Fehlt zu Ihrem Glücke nichts als meine Liebe: so können Sie nie glücklicher werden.

Siegmund. Ach, meine Schöne, wie erschrecke ich! Sie machen, daß man die Liebe und das Glück erst hochschätzt. O warum kann nicht die ganze Welt Ihrer Großmut zusehen! Sie würden auch den niederträchtigsten Seelen liebenswürdig vorkommen und ihnen bei aller Verachtung der Tugend den Wunsch auspressen, daß sie Ihnen gleichen möchten. Ich danke es der Schickung ewig, daß sie mir Ihren Besitz zugedacht hat. Und ich eile mit Ihrer Erlaubnis zu Ihrem Herrn Vater, um ihn nunmehr . . .

SECHSTER AUFTRITT

Die Vorigen. Ein Bedienter.

D e r B e d i e n t e *(zu Lottchen).* Hier ist ein Brief an
Sie, Mamsell. Er kömmt von der Post.
L o t t c h e n. Ein Brief von der Post?
S i e g m u n d. Ja, ich habe den Briefträger selbst auf
dem Saale stehen sehen, ehe ich hereingekommen bin.
L o t t c h e n. Wollen Sie erlauben, meine Herren, daß
ich den Brief in Ihrer Gegenwart erbrechen darf?
S i m o n. Ich will indessen meinem lieben Mündel mei-
nen Glückwunsch abstatten.

SIEBENTER AUFTRITT

Lottchen. Siegmund.

L o t t c h e n *(indem sie den Brief für sich gelesen hat).*
O mein Freund, man will mir mein Glück sauer-
machen. Man beneidet mich, sonst würde man Sie
nicht verkleinern. Es ist ein boshafter Streich; er ist
mir aber lieb, weil ich Ihnen einen neuen Beweis
meines Vertrauens und meiner Liebe geben kann.
Ich will Ihnen den Brief lesen. Er besteht, wie Sie
sehen, nur aus zwo Zeilen. *(Sie liest.)* „Mamsell, trauen
Sie Ihrem Liebhaber, dem Herrn Siegmund, nicht. Er
ist ein Betrüger. N. N."
S i e g m u n d. Was? Ich ein Betrüger?
L o t t c h e n *(sie nimmt ihn bei der Hand).* Ich weiß,
daß Sie groß genug sind, dieses hassenswürdige Wort
mit Gelassenheit anzuhören. Es ist ein Lobspruch für
Sie. Ich verlange einen solchen Betrüger, als Sie sind,
mein Freund.
S i e g m u n d. Aber wer muß mir diesen boshaften
Streich an dem heutigen Tage spielen? Wie? Sollte
es auch Herr Simon selbst sein? Liebt er Sie vielleicht?
Macht ihn Ihre Erbschaft boshaft? Warum ging er, da
der Brief kam? Soll ich ihm dieses Laster vergeben?
Wenn er mir meinen Verstand, meinen Witz abgespro-
chen hätte: so würde ich ihm für diese Demütigung

danken; aber daß er mir die Ehre eines guten Herzens
rauben will, das ist ärger, als wenn er mir Gift hätte
geben wollen. Ich? ...Ich, ein Betrüger? Himmel,
bringe es an den Tag, wer ein Betrüger ist, ich oder
der, der diesen Brief geschrieben hat! Ist das der edel-
gesinnte Vormund?

L o t t c h e n. Ich bitte Sie bei Ihrer Liebe gegen mich,
beruhigen Sie sich. Verschonen Sie den Herrn Vormund mit Ihrem Verdachte. Es ist nicht möglich, daß
er eine solche Niederträchtigkeit begehen sollte. Sein
Charakter ist edel. Wer weiß, was Sie sonst für einen
Feind haben, der von unserer Liebe und von meiner
Erbschaft heute Nachricht bekommen hat.

S i e g m u n d. Sie entschuldigen den Vormund noch?
Hörten Sie nicht den boshaften Ausdruck: Wir wollen
wünschen, daß alle Liebhaber so edel gesinnt sein mögen als mein Mündel? Ist dieses nicht eine unverschämte Anklage wider mich?

L o t t c h e n. Ich sage Ihnen, daß Sie mich beleidigen,
wenn Sie ihn noch einen Augenblick in Verdacht haben. So, wie ich ihn kenne und wie mir ihn sein Mündel beschrieben hat: so ist er ein Mann, dem man sein
Leben, seine Ehre und alles vertrauen kann.

S i e g m u n d. Aber sollte er nicht unerlaubte Absichten
haben? Ich habe gemerkt, daß er sehr genau auf Ihr
ganzes Bezeigen, bis auf das geringste Wort Achtung
gegeben hat. Es kömmt noch ein merkwürdiger Um-
stand dazu. Er hat in dem Billette an Ihren Herrn
Vater schon triumphieret, daß er heute eine erfreuliche
Nachricht vom Hofe erhalten hätte. Und er hat es
dem Herrn Vater auch schon entdeckt; aber mir nicht.

L o t t c h e n. Ich beschwöre Sie bei Ihrer Aufrichtigkeit,
lassen Sie diesen Mann aus dem Verdachte.

S i e g m u n d. Warum hat er mir nicht gesagt, daß man
ihm vom Hofe einen vornehmen Charakter und eine
ungewöhnliche Pension gegeben hat? Was sucht er
darunter, wenn er nicht mein Unglück bei Ihnen sucht?

L o t t c h e n. Ich vergebe Ihren Fehler Ihrer zärtlichen
Liebe zu mir. Außerdem würde ich Sie nicht länger anhören. Wir wollen die Sache zu unserm Vorteile enden.

Ihre Feinde mögen sagen, was sie wollen. Sie sind bestraft genug, daß sie Ihren Wert nicht kennen. Und wir können uns nicht besser rächen, als daß wir uns nicht die geringste Mühe geben, sie zu entdecken. Lassen Sie Ihren Zorn hier verfliegen. Ich komme in der Gesellschaft meines Vaters und der übrigen gleich wieder zu Ihnen, unser Bündnis in den Augen unserer Feinde sicher zu machen.

ACHTER AUFTRITT

Siegmund allein.

Das war ein verfluchter Streich! Aber er macht mich nur mutiger. Julchen ist verloren ... Gut, ist doch Lottchen, ist doch das Rittergut mein ... Ich bin nicht untreu gewesen. Nein! Ich habe es nur sein wollen; aber ich war zu edel, als daß mich's die Umstände hätten werden lassen. Aber wo bleibt Lottchen? Hat sie gar meine Untreue erfahren? Ich will sie sicher machen.

NEUNTER AUFTRITT

Julchen. Damis.

Julchen. „Wo bleibt Lottchen? Hat sie gar meine Untreue erfahren? Ich will sie sicher machen." Der Boshafte! Hörten Sie sein Bekenntnis? Wir wollten sehen, wie er sich nach diesem Briefe aufführen würde. O hätten wir diese unglückselige Entdeckung doch niemals gemacht! Du arme Schwester! Du verbindest dich mit einem Menschen, der ein böses Herz bei der Miene der Aufrichtigkeit hat.

Damis. Ja, es ist ein nichtswürdiger Freund, wie ich Ihnen gesagt habe. Er hat den größten Betrug begangen. Ich bitte ihn heute Vormittage, wie man einen Bruder bitten kann, daß er mir Ihre Liebe sollte gewinnen helfen. Und statt dessen bittet er Ihren Herrn Vater, unsere Verlobung noch acht Tage aufzuschieben, und will ihn bereden, als ob Sie, meine Braut, ihn

selbst liebten. Ist das mein Freund, dem ich mehr als
einmal mein Haus und mein Vermögen angeboten
habe?

J u l c h e n. Mich hat er bereden wollen, daß Sie meiner
Schwester gewogener wären als mir. Nunmehro weiß
ich gewiß, daß es keine Verstellung gewesen. Aber
meine arme Schwester wird es doch denken, weil sie
ihm diese List aus gutem Herzen aufgetragen hat. Wer
soll ihr ihren Irrtum entdecken? Wird sie uns hören?
Und wenn sie es glaubt, überführen wir sie nicht von
dem größten Unglücke! Wie dauret sie mich!

D a m i s. Ja. Aber sie muß es doch erfahren, und wenn
Sie schweigen, so rede ich.

J u l c h e n. Ach, bedenken Sie doch das Elend meiner
lieben Schwester! Schweigen Sie. Vielleicht ... Vielleicht ist er nicht von Natur boshaft, vielleicht hat ihn
nur meine Erbschaft ...

D a m i s. Es habe ihn, was auch immer wolle, zur Untreue bewogen: so ist er in meinen Augen doch allemal
weniger zu entschuldigen als ein Mensch, der den andern aus Hunger auf der Straße umbringt. Hat ihn
die ausnehmende Zärtlichkeit, die ganz bezaubernde
Unschuld, die edelste Freundschaft Ihrer Jungfer
Schwester nicht treu und tugendhaft erhalten können:
so muß es ihm nunmehr leicht sein, um eines Gewin-
stes willen seinen nächsten Blutsfreund umzubringen
und die Religion der geringsten Wollust wegen ab-
zuschwören.

J u l c h e n. Aber ach, meine Schwester ... Tun Sie es
nicht. Ich zittre ...

D a m i s. Meine Braut, Sie sind mir das Kostbarste auf
der Welt. Aber ich sage Ihnen, ehe ich Lottchen so
unglücklich werden lasse, sich mit einem Nichtswür-
digen zu verbinden: so will ich mein Vermögen, meine
Ehre und Sie selbst verlieren. Ich gehe und sage ihr
alles, und wenn sie auch ohne Trost sein sollte. Mein
Herr Vormund hat das Billett an Lottchen auf meine
Bitte schreiben und auf die Post bringen lassen. Ihr
ehrlicher Vater und der Magister, die Siegmund beide
für zu einfältig gehalten, haben seine tückischen Ab-

sichten zuerst gemerkt, und Ihr Herr Vater hat sie
meinem Vormunde vertraut. Dieser haßt und sieht die
kleinsten Betrügereien.

J u l c h e n. Ist er denn gar nicht zu entschuldigen?

D a m i s. Nein, sage ich Ihnen. Wir haben alles unter-
sucht. Er ist ein Betrüger. *(Mit Bitterkeit.)* Ich habe in
meinem Leben noch kein Tier gern umgebracht; aber
diesen Mann, wenn er es leugnen und Lottchen durch
seine Verstellung unglücklich machen sollte, wollte ich
mit Freuden umbringen. Was? Wir Männer wollen
durch den häßlichsten Betrug das Frauenzimmer im
Triumph aufführen, das wir durch unsere Tugend
ehren sollten?

J u l c h e n. Was soll aber meine Schwester mit dem
Untreuen anfangen?

D a m i s. Sie soll ihn mit Verachtung bestrafen. Sie soll
ihn fühlen lassen, was es heißt, ein edles Herz hintergehn.

J u l c h e n. Wenn ihm aber meine Schwester verzeihen
wollte. Wäre das nicht auch großmütig?

D a m i s. Sie braucht ihn nicht zu verfolgen. Sie kann
alle Regungen der Rache ersticken und sich doch seiner
ewig entschlagen. Er ist ein Unmensch.

ZEHNTER AUFTRITT

Die Vorigen. Simon.

S i m o n. Ich stehe die größte Qual aus. Unsere Absicht
mit dem Briefe schlägt leider fehl. Sie liebt ihn nur
desto mehr, je mehr sie ihn für unschuldig hält. Sie
dringt in ihren Vater, daß er die Verlobung beschleu-
nigen soll. Dieser gute Alte liebt seine Tochter und
vergißt vielleicht in der großen Liebe die Vorsichtig-
keit und meine Erinnerungen. Wenn es niemand wagen
will, sich dem Sturme preiszugeben: so will ich's tun.

D a m i s. Ich tue es auch.

J u l c h e n. Wenn nur meine Schwester käme. Ich wollte ...
Aber sie liebt ihn unaussprechlich. Was wird ihr Herz empfinden, wenn es sich auf einmal von ihm trennen soll?

S i m o n. Es wird viel empfinden. Sie liebt ihn so sehr,
als man nur lieben kann. Aber sie liebt ihn deswegen
so sehr, weil sie ihn der Liebe wert hält. Sobald sie
ihren Irrtum sehen wird: so wird sich die Vernunft,
das Gefühl der Tugend und das Abscheuliche der Untreue wider ihre Liebe empören und sie verdringen.
Der Haß wird sich an die Stelle der Liebe setzen. Wir
müssen alle drei noch einmal mit ihr und dem Herrn
Vater sprechen, ehe er sie um das Ja betrügt.

J u l c h e n. Du redliche Schwester! Könnte ich doch
dein Unglück durch Wehmut mit dir teilen! Wie traurig wird das Ende dieses Tages für mich!

S i m o n. Betrüben Sie sich nicht über den Verlust eines
solchen Mannes. Lottchen ist glücklich, wenn sie ihn
verliert, und unglücklich, wenn sie ihn behält. Herr
Damis, haben Sie die Güte und sehen Sie, wie Sie
Lottchen einen Augenblick von ihrem Liebhaber ent-
fernen und hieherbringen können.

D a m i s. Ja, das ist das letzte Mittel.

S i m o n *(zu Damis)*. Noch ein Wort. Haben Sie die
Abschrift des Testaments schon gelesen, die ich itzt
mitgebracht habe?

D a m i s. Nein, Herr Vormund.

S i m o n. Sie auch nicht, Mamsell Julchen?

J u l c h e n. Nein.

S i m o n. Also wissen Sie beide noch nicht, daß die erste
Nachricht falsch gewesen ist. Mamsell Julchen, erschrecken Sie nicht. Sie sind nicht die Erbin des Ritterguts.

J u l c h e n. Wie? Ich bin's nicht? Warum haben Sie mir
denn eine falsche Freude gemacht? Das ist betrübt.
Geht denn heute alles unglücklich? Ach, Herr Damis,
Sie sagen nichts? Bin ich nicht mehr Ihre Braut? Geht
denn das Unglück gleich mit der Liebe an? Ich wollte
meinen Vater und meine liebe Schwester mit in mein
Gut nehmen. Ich ließ schon die besten Zimmer für sie
zurechtemachen. Ach, mein Herr, was für Freude
empfand ich nicht, wenn ich mir vorstellte, daß ich Sie
an meiner Hand durch das ganze Gut, durch alle Fel-
der und Wiesen führte . . .! Also habe ich nichts?

D a m i s. Sie haben so viel, als ich habe. Vergessen Sie
die traurige Erbschaft. Es wird uns an nichts ge-
brechen. Mir ist es recht lieb, daß Sie das Rittergut
nicht bekommen haben. Vielleicht hätte die Welt ge-
glaubt, daß ich bei meiner Liebe mehr auf dieses als
auf Ihren eigenen Wert gesehen hätte. Und dies soll
sie nicht glauben. Sie soll meine Braut aus ebender
Ursache hochschätzen, aus der ich sie verehre und
wähle. Führen Sie mich an Ihrer Hand in meinem
eigenen Hause herum: so werden Sie mir ebendas Vergnügen machen. Genug, daß Sie ein Rittergut verdienen. O wenn ich nur Lottchen aus ihrem Elende
gerissen hätte. Ich werde eher nicht ruhig.
S i m o n. Jungfer Lottchen ist die Erbin des Ritterguts.
J u l c h e n. Meine Schwester ist es? Meine Schwester?
Bald hätte ich sie beneidet; aber verwünscht sei diese
Regung! Nein! Ich gönne ihr alles. *(Zu Damis.)* Was
könnte ich mir noch wünschen, wenn Sie mit mir zufrieden sind. Sie soll es haben. Ich gönne ihr alles.
D a m i s. Auch mich, meine Braut?
J u l c h e n. Ob ich Sie meiner Schwester gönne? Nein,
so redlich bin ich doch nicht. Es ist keine Tugend;
aber ... Fragen Sie mich nicht mehr.
D a m i s. Nein. Ich will Mamsell Lottchen suchen. Die
Zärtlichkeit soll der Freundschaft einige Augenblicke
nachstehen.

EILFTER AUFTRITT

Julchen. Simon.

J u l c h e n. Ob ich ihn meiner Schwester gönne? Wie
könnte sie das von mir verlangen? Sie hat ja das Rittergut. Ich liebe sie sehr; aber wenn ich ihre Ruhe
durch den Verlust des Herrn Damis befördern soll: so
fordert sie zu viel. Das ist mir nicht möglich.
S i m o n. Machen Sie sich keine Sorge. Sie wird es gewiß nicht begehren. Ich muß Ihnen auch sagen, daß sie
Ihnen nach dem Testamente zehntausend Taler zu
Ihrer Heirat abgeben soll.
J u l c h e n. Das ist alles gut. Wenn ich nur meiner

Schwester ihren Liebhaber durch dieses Geld treu
machen könnte, wie gern wollte ich's ihm geben! Der
böse Mensch! Kann er nicht machen, daß ich den
Herrn Damis verliere, indem er Lottchen verliert?
Aber warum läßt der Himmel solche Bosheiten zu?
Was kann denn ich für seine Untreue? Ich bin ja unschuldig.

S i m o n. Mein Mündel kann niemals aufhören, Sie zu
lieben. Verlassen Sie sich auf mein Wort. Jungfer Lottchen ist zu beklagen. Aber besser ohne Liebe leben, als
unglücklich lieben. Wenn sie doch käme!

J u l c h e n. Aber wenn sie nun kömmt? Ich kann ja ihre
Ruhe nicht herstellen. Ich habe sie herzlich lieb. Aber
warum soll denn meine Liebe mit der ihrigen leiden?
Nein, so großmütig kann ich nicht sein, daß ich ihr zuliebe mich und … mich und ihn vergäße. Wenn sie
doch glücklich wäre! Ich werde recht unruhig. Er sagte,
er wollte die Zärtlichkeit der Freundschaft nachsetzen.
Was heißt dieses?

S i m o n. Bleiben Sie ruhig. Mein Mündel ist der Ihrige.
Sie verdienen ihn. Und wenn Sie künftig an seiner
Seite die Glückseligkeiten der Liebe genießen: so ver-
danken Sie es der Tugend, daß sie uns durch Liebe
und Freundschaft das Leben zur Lust macht.

ZWÖLFTER AUFTRITT

Die Vorigen. Der Magister.

D e r M a g i s t e r. Herr Simon, ich möchte Ihnen gern
ein paar Worte vertrauen. Wenn ich nicht sehr irre:
so habe ich heute eine wichtige Entdeckung gemacht,
was die Reizungen der Reichtümer für Gewalt über
das menschliche Herz haben.

S i m o n. Ich fürchte, daß mir diese unglückliche Entdeckung schon mehr als zu bekannt ist.

D e r M a g i s t e r. Ich habe die Sache alleweile auf
meiner Studierstube nachgedacht.

J u l c h e n. Können Sie uns denn sagen, wie ihr zu helfen ist? Tun Sie es doch, lieber Herr Magister.

Der Magister. Siegmund muß bestraft werden, damit er gebessert werde.

Simon. Er verdient nicht, daß man ihn anders bestrafe als durch Verachtung.

Der Magister. Aber wie sollen seine Willenstriebe gebessert werden?

Simon. Ist denn die Verachtung kein Mittel, ein Herz zu bessern?

Der Magister. Das will ich itzt nicht ausmachen. Aber sagen Sie mir, Herr Simon, ob die Stoiker nicht recht haben, wenn sie behaupten, daß nur ein Laster ist; oder daß, wo ein Laster ist, die andern alle ihrer Kraft nach zugegen sind? Sehn Sie nur Siegmunden an. Ist er nicht recht das Exempel zu diesem Paradoxo?

Simon. Ja, Herr Magister. Aber wie werden wir Jungfer Lottchen von der Liebe zu Siegmunden abbringen? Sie glaubt es ja nicht, daß er untreu ist.

Der Magister. Das wird sich schon geben. O wie erstaunt man nicht über die genaue Verwandtschaft, welche ein Laster mit dem andern hat und welche alle mit einem haben! Siegmund wird bei der Gelegenheit des Testaments geizig. Ein Laster. Er strebt nach Julchen, damit er ihre Reichtümer bekomme. Welcher schändliche Eigennutz! Er wird Lottchen untreu und will Julchen untreu machen. Wieder zwei neue Verbrechen. Er kann sein erstes Laster nicht ausführen, wenn er nicht ein Betrüger und Verräter wird. Also hintergeht er seinen Freund, seinen Schwiegervater, Sie, mich und alle, nachdem er einmal die Tugend hintergangen hat. Aber alle diese Bosheiten auszuführen, mußte er ein Lügner und ein Verleumder werden. Und er ward es. Welche unselige Vertraulichkeit herrscht nicht unter den Lastern? Sollten also die Stoiker nicht recht haben?

Simon. Wer zweifelt daran? Herr Magister. Ich glaube es, daß Sie die Sache genauer einsehen als ich und Jungfer Julchen. Sie reden sehr wahr, sehr gelehrt. Sie haben seine Untreue zuerst mit entdeckt, und wir danken Ihnen zeitlebens dafür. Aber entdecken Sie nun

auch das Mittel, Lottchen so weit zu bringen, daß sie
sich nicht mit dem untreuen Siegmund verbindet.

Der Magister. Darauf will ich denken. Lottchen ist
zu leichtgläubig gewesen. Aber sie kann bei dieser Gelegenheit lernen, wieviel man Ursache hat, ein Mißtrauen in das menschliche Herz zu setzen, wenn man
es genau kennt und die Erzeugung der Begierden recht
ausstudiert hat. Wir haben so viele Vernunftlehren.
Eine Willenslehre ist ebenso nötig. Ist denn der Wille
kein so wesentlicher Teil der Seele als der Verstand?
So wie der Verstand Grundsätze hat, die sein Wesen
ausmachen: so hat der Wille gewisse Grundtriebe.
Kennt man diese, so kennt man sein Wesen; und so
kennt man auch die Mittel, ihn zu verbessern. Jungfer
Muhme, reden Sie aufrichtig, habe ich's Ihnen nicht
hundertmal gesagt, daß Siegmund nichts Gründliches
in der Philosophie weiß? Dies sind die traurigen
Früchte davon.

Julchen. Lieber Herr Magister, wenn Sie so viel bei
der betrübten Sache empfänden als ich, Sie würden
diese Frage itzt nicht an mich tun. Sie haben mich
heute eine Fabel gelehrt. Und ich wollte wünschen,
daß Sie an die Fabel von dem Knaben gedächten, der
in das Wasser gefallen war. Anstatt daß Sie uns in
der Gefahr beistehen sollen: so zeigen Sie uns den Ursprung und die Größe derselben. Nehmen Sie meine
Freiheit nicht übel.

Der Magister. Ich kann Ihnen nichts übelnehmen.
Zu einer Beleidigung gehört die gehörige Einsicht in
die Natur der Beleidigung. Und da Ihnen diese man-
gelt: so sehen Ihre Reden zwar beleidigend aus; aber
sie sind es nicht.

Simon. Aber, was wollen Sie denn bei der Sache tun?

Der Magister. Ich will, ehe die Versprechung vor
sich geht, Lottchen und meinem Bruder kurz und gut
sagen, daß ich meine Einwilligung nicht darein gebe.
Alldann muß die Sache ein ander Aussehn gewinnen.

Simon. Gut, das tun Sie.

DREIZEHNTER AUFTRITT

Julchen. Simon.

J u l c h e n. Ich will dem Herrn Magister nachgehen. Er
möchte sonst gar zu große Händel anrichten. Entdek-
ken Sie Lottchen, wenn sie kömmt, die traurige Sache
zuerst. Ich will sorgen, daß Sie Siegmund in Ihrer Unterredung nicht stört und Ihnen, wenn ich glaube, daß
es Zeit ist, mit meinem Bräutigame zu Hülfe kommen.
S i m o n. Ich will als ein redlicher Mann handeln. Und
wenn ich mir auch den größten Zorn bei Ihrer Jungfer
Schwester und die niederträchtigste Rache von dem
Herrn Siegmund zuziehen sollte: so will ich doch lieber mich als eine gute Absicht vergessen.

VIERZEHNTER AUFTRITT

Simon. Lottchen.

L o t t c h e n. Was ist zu Ihrem Befehle? Haben Sie
etwa wegen der zehntausend Taler, die ich meiner
Schwester herausgeben soll, etwas zu erinnern? Tun
Sie nur einen Vorschlag. Ich bin zu allem bereit.
S i m o n. Mamsell, davon wollen wir ein andermal reden. Glauben Sie wohl, daß mir Ihr Glück lieb ist
und daß ich ein ehrlicher Mann bin? So unhöflich diese
beiden Fragen sind: so muß ich sie doch an Sie tun,
weil ich sonst in der Gefahr stehe, daß Sie meinen
Antrag nicht anhören werden.
L o t t c h e n. Mein Herr, womit kann ich Ihnen dienen?
Reden Sie frei. Ich sage es Ihnen, daß ich ebenden Gehorsam gegen Sie trage, den ich meinem Vater schuldig bin. Ich will Ihnen den größten Dank sagen, wenn
Sie mir eine Gelegenheit geben, Ihnen meine Hochachtung durch die Tat zu beweisen. Ich bin ebensosehr
von Ihrer Aufrichtigkeit überzeugt als von der Aufrichtigkeit meines Bräutigams. Kann es Ihnen nunmehr noch schwerfallen, frei mit mir zu reden?
S i m o n. Meine Bitte gereicht zum Nachteile Ihres Liebhabers.

L o t t c h e n. Will Ihr Herr Mündel etwa das Rittergut
gern haben, weil es so nahe an der Stadt liegt? Nun errate ich's, warum er itzt gegen den guten Siegmund
etwas verdrießlich tat. Warum hat er mir's nicht gleich
gesagt? Er soll es haben und nicht mehr dafür geben,
als Sie selbst für gut befinden werden. Kommen Sie zur
Gesellschaft. Ich habe mich wegen des boshaften Briefs,
den ich vorhin erhalten, entschlossen, in Ihrer Gegenwart dem Herrn Siegmund ohne fernern Aufschub das
Recht über mein Herz abzutreten und seinen Feinden
zu zeigen, daß ich auf keine gemeine Art liebe.

S i m o n. Aber diesen boshaften Brief habe ich schreiben
und auf die Post bringen helfen.

L o t t c h e n. Ehe wollte ich glauben, daß ihn mein Vater, der mich so sehr liebt, geschrieben hätte. Sie
scherzen.

S i m o n. Nein, Mamsell, ich bin zu einem Scherze, den
mir die Ehrerbietung gegen Sie untersagt, zu ernsthaft.
Erschrecken Sie nur, und hassen Sie mich. Ich wieder-
hole es Ihnen, Ihr Liebhaber meint es nicht aufrichtig
mit Ihnen.

L o t t c h e n. Sie wollen gewiß das Vergnügen haben,
meine Treue zu versuchen und mich zu erschrecken,
weil Sie wissen, daß ich nicht erschrecken kann.

S i m o n. Sie glauben, ich scherze? Ich will also deutlicher reden. Ihr Liebhaber ist ein Betrüger.

L o t t c h e n (erbittert). Mein Herr, Sie treiben die
Sache weit. Wissen Sie auch, daß ich für die Treue
meines Liebhabers stehe und daß Sie mich in ihm beleidigen? Und wenn er auch der Untreue fähig wäre:
so würde ich doch den, der mich davon überzeugte,
ebensosehr hassen als den, der sie begangen. Aber ich
komme gar in Zorn. Nein, mein Herr, ich kenne ja
Ihre Großmut. Es ist nicht Ihr Ernst, so gewiß, als ich
lebe.

S i m o n. So gewiß, als ich lebe, ist es mein Ernst. Er ist
unwürdig, noch einen Augenblick von Ihnen geliebt
zu werden.

L o t t c h e n. Und ich werde ihn ewig lieben.

S i m o n. Sie kennen ihn nicht.

L o t t c h e n. Besser als Sie, mein Herr.

S i m o n. Ihre natürliche Neigung zur Aufrichtigkeit, Ihr gutes Zutrauen macht, daß Sie ihn für aufrichtig halten; aber dadurch wird er's nicht.

L o t t c h e n. Geben Sie mir die Waffen wider Sie nicht in die Hand. Ich habe Sie und meinen Liebhaber für aufrichtig gehalten. Ich will mich betrogen haben. Aber wen soll ich zuerst hassen? Ist Ihnen etwas an meiner Freundschaft gelegen: so schweigen Sie. Sie verändern mein ganzes Herz. Sie haben mir und meinem Hause viel Wohltaten erwiesen; aber dadurch haben Sie kein Recht erlangt, mit mir eigennützig zu handeln. Wäre es Ihrem Charakter nicht gemäßer, mich tugendhaft zu erhalten, als daß Sie mich niederträchtig machen wollen? Warum reden Sie denn nur heute so?

S i m o n. Weil ich's erst heute gewiß erfahren habe. Wenn Sie mir nicht glauben: so glauben Sie wenigstens Ihrer Jungfer Schwester und meinem Mündel.

L o t t c h e n. Das ist schrecklich. Haben Sie diese auch auf Ihre Seite gezogen?

S i m o n. Ja, sie sind auf meiner Seite sowohl als Ihr Herr Vater. Und ehe ich zugebe, daß ein Niederträchtiger Ihr Mann wird, ehe will ich mich der größten Gefahr aussetzen. Sie sind viel zu edel, viel zu liebenswürdig für ihn.

L o t t c h e n. Wollen Sie mir denn etwa selbst Ihr Herz anbieten? Muß er nur darum ein Betrüger sein, weil ich in Ihren Augen so liebenswürdig bin? Und Sie glauben, daß sich ein edles Herz auf diese Art gewinnen läßt? Nunmehr muß ich entweder nicht tugendhaft sein oder Sie hassen. Und bald werde ich Sie nicht mehr ansehn können.

S i m o n. Machen Sie mir noch so viele Vorwürfe. Die größten Beschuldigungen, die Sie wider mich ausstoßen, sind nichts als Beweise Ihres aufrichtigen Herzens. Die Meinung, in der Sie stehen, rechtfertiget sie alle. Und ich würde Sie vielleicht hassen, wenn Sie mein Anbringen gelassener angehört hätten. Genug ...

L o t t c h e n. Das ist ein neuer Kunstgriff. Mein Herr, Ihre List, wenn es eine ist, und sie ist es, sei verwünscht! Wie? Er, den ich wie mich liebe? ... Sie wollen sich an seine Stelle setzen? Ist es möglich?

S i m o n. Dieser Vorwurf ist der bitterste; aber auch den will ich verschmerzen. Es ist wahr, daß ich Sie ungemein hochachte; aber ich habe ein sicheres Mittel, Ihnen diesen grausamen Gedanken von meiner Niederträchtigkeit zu benehmen. Ich will Ihnen versprechen, Ihr Haus nicht mehr zu betreten, solange ich lebe. Und wenn ich durch diese Entdeckung Ihre Liebe zu gewinnen suche: so strafe mich der Himmel auf das entsetzlichste. Nach diesem Schwure schäme ich mich, mehr zu reden. *(Er geht ab.)*

FUNFZEHNTER AUFTRITT

Lottchen allein.

Gott, was ist das? ... Er soll mir untreu sein? ... Nimmermehr! Nein! Der Vormund sei ein Betrüger und nicht er. ... Du, redliches Herz! Du, mein Freund, um dich will man mich bringen? Warum beweist er deine Untreue nicht?

SECHZEHNTER AUFTRITT

Lottchen. Damis.

L o t t c h e n. Kommen Sie mir zu Hülfe. Und wenn sie mein Unglück auch alle wollen: so sind doch Sie zu großmütig dazu. Was geht mit meinem Bräutigam vor? Sagen Sie mir's aufrichtig.

D a m i s. Er ist Ihnen untreu.

L o t t c h e n. Auch Sie sind mein Feind geworden? Hat Sie mein Liebhaber beleidiget: so handeln Sie doch wenigstens so großmütig und sagen mir nichts von der Rache, die Sie an ihm nehmen wollen.

D a m i s. Mein Herz ist viel zu groß zur Rache.

L o t t c h e n. Aber klein genug zur Undankbarkeit? Hat Ihnen mein Geliebter nicht heute den redlichsten Dienst erwiesen?

D a m i s. Wollte der Himmel, er hätte mir ihn nicht erwiesen: so würden Sie glücklicher, und er würde nur
ein verborgner Verräter sein.

L o t t c h e n. Betrüger! Verräter! Sind das die Namen
meines Freundes, den ich zwei Jahr kenne und liebe?

D a m i s. Wenn ich die Aufrichtigkeit weniger liebte: so
würde ich mit mehr Mäßigung vor Ihnen reden. Aber
mein Eifer gibt mir für Ihren Liebhaber keinen andern Namen ein. Sie, meine Schwester, sind Ihres Herzens wegen würdig, angebetet zu werden, und eben
deswegen ist der Mensch, der bei Ihrer Zärtlichkeit
und bei den sichtbarsten Beweisen der aufrichtigsten
Liebe sich noch die Untreue kann einfallen lassen, eine
abscheuliche Seele.

L o t t c h e n. Eine abscheuliche Seele? Wohlan; nun fordere ich Beweise. (*Heftiger.*) Doch weder Ihr Vormund noch Sie, noch meine Schwester, noch mein Vater selbst werden ihm meine Liebe entziehn können.
Und ich nehme keinen Beweis an als sein eigen Ge-
ständnis. Ich bin so sehr von seiner Tugend überzeugt,
daß ich weiß, daß er auch den Gedanken der Untreue
nicht in sich würde haben aufsteigen lassen, ohne mir
ihn selbst zu entdecken. Und ich würde ihn wegen seiner gewissenhaften Zärtlichkeit nur desto mehr lieben,
wenn ich ihn anders mehr lieben könnte.

D a m i s. Ich sage es Ihnen, wenn Sie mir nicht trauen:
so gebe ich Ihnen das Herz meiner Braut wieder zurück. Ihnen bin ich's schuldig; aber ich mag nicht die
größte Wohltat von Ihnen genießen und zugleich Ihr
Unglück sehn.

L o t t c h e n. Sie müssen mich für sehr wankelmütig
halten, wenn Sie glauben, daß ich durch bloße Beschuldigungen mich in der Liebe irren lasse. Haben
Sie oder ich mehr Gelegenheit gehabt, das Herz meines Bräutigams zu kennen? Wenn Sie recht haben,
warum werfen Sie ihm seine Untreue abwesend vor?
Rufen Sie ihn hieher. Alsdann sagen Sie mir seine
Verbrechen. Er ist edler gesinnet als wir alle. Und ich
will ihn nun lieben.

D a m i s. Sie haben recht. Ich will ihn selbst suchen.

SIEBENZEHNTER AUFTRITT

Lottchen. Julchen.

L o t t c h e n. Er geht? Er untersteht sich, ihn zu rufen?
Nun fängt mein Herz an zu zittern. *(Sie sieht Julchen.
Kläglich.)* Meine Schwester, bist du auch da? Hast du
mich noch lieb? *(Lottchen umarmt sie.)* Willst du mir
die traurigste Nachricht bringen? O nein! Warum
schweigst du? Warum kömmt er nicht selbst?

J u l c h e n. Ich bitte dich, höre auf, einen Menschen zu
lieben, der ...

L o t t c h e n. Er soll schuldig sein; aber muß er gleich
meiner Liebe unwürdig sein? Nein, meine liebe Schwester. Ach nein, er ist gewiß zu entschuldigen. Willst du
ihn nicht verteidigen? Vergißt du schon, was er heute
zu deiner Ruhe beigetragen hat? Warum sollte er mir
untreu sein, da ich Vermögen habe? Warum ward er's
nicht, da ich noch keines hatte?

J u l c h e n. Er ward es zu der Zeit, da er in den Gedanken stund, daß ich die Erbin des Testaments wäre.
Ach, liebe Schwester, wie glücklich wollte ich sein,
wenn ich dich nicht hintergangen sähe!

L o t t c h e n. So ist es gewiß? *(Hart.)* Nein! sage ich.

J u l c h e n. Ich habe lange mit mir gestritten. Ich habe
ihn in meinem Herzen, vor meinem Bräutigam, vor
seinem Vormunde und vor unserm Vater entschuldi-
get. Ich würde sie aus Liebe zu dir noch alle für be-
trogne Zeugen halten. Aber es ist nicht mehr möglich.
Er selbst hat sich hier an dieser Stelle angeklagt, als
du ihn nach dem empfangenen Briefe verlassen hat-
test. Er war allein. Die Unruhe und sein Verbrechen
redten aus ihm. Er hörte mich nicht kommen. O
hätt' er doch ewig geschwiegen! ... Ach, meine Schwester!

L o t t c h e n. Meine Schwester, was sagst du mir? Er
hat sich selbst angeklagt? Er ist untreu? Aber wie
könnte ich ihn noch lieben, wenn er's wäre? Nein, ich
liebe ihn, und er liebt mich gewiß. Ich habe ihm ja die
größten Beweise der aufrichtigsten Neigung gegeben ... *(Zornig.)* Aber was quält ihr mich mit dem

entsetzlichsten Verdachte? Was hat er denn getan? Nichts hat er getan.

J u l c h e n. Er hat mich auf eine betrügerische Art der Liebe zu meinem Bräutigam entreißen und sich an seine Stelle setzen wollen. Er hat meinen Vater überreden wollen, als ob ich ihn selbst liebte und als wenn du hingegen den Herrn Damis liebtest. Er hat ihm geraten, die Verlobung noch acht Tage aufzuschieben. Er hat sogar um mich bei ihm angehalten.

L o t t c h e n. Wie? Hat er nicht noch vor wenig Augenblicken mich um mein Herz gebeten? Ihr haßt ihn und mich.

J u l c h e n. Ja, da er gesehen, daß das Testament zu deinem Vorteile eingerichtet ist.

L o t t c h e n. Also richtet sich sein Herz nach dem Testamente und nicht nach meiner Liebe? Ich Betrogene! Doch es ist unbillig, ihn zu verdammen. Ich muß ihn selbst hören. Auch die edelsten Herzen sind nicht von Fehlern frei, die sie doch bald bereuen. *(Kläglich.)* Liebste Schwester, verdient er keine Vergebung? Mach ihn doch unschuldig. Ich will ihn nicht besitzen. Ich will ihn zu meiner Qual meiden. Ich will ihm die ganze Erbschaft überlassen, wenn ich nur die Zufriedenheit habe, daß er ein redliches Herz hat. O Liebe! ist das der Lohn für die Treue?

ACHTZEHNTER AUFTRITT

Die Vorigen. Siegmund.

S i e g m u n d. Soll ich nunmehr so glücklich sein, Ihr Ja zu erhalten? Der Herr Vater hat mir seine Einwilligung gegeben. Sie lieben mich doch, großmütige Schöne?

L o t t c h e n. Und Sie lieben mich doch auch?

S i e g m u n d. Sie kennen mein Herz seit etlichen Jahren, und Sie wissen gewiß, daß mein größter und liebster Wunsch durch Ihre Liebe erfüllt worden ist.

L o t t c h e n. Aber ... meine Schwester ... Warum erschrecken Sie?

S i e g m u n d. Ich erschrecke, daß Sie sich nicht besinnen, daß Sie mir diese List selbst zugemutet haben. Sollte ich nicht durch eine verstellte Liebe Julchens Herz versuchen? Reden Sie, Mamsell Julchen, entschuldigen Sie mich.

J u l c h e n. Mein Herr, entschuldigen kann ich Sie nicht. Bedenken Sie, was Sie zu mir und zu meinem Vater und vor kurzem hier in dieser Stube zu sich selbst gesagt haben, ohne daß Sie mich sahn. Alles, was ich tun kann, ist, daß ich meine liebe Schwester bitte, Ihnen Ihre Untreue zu vergeben.

S i e g m u n d. Ich soll untreu sein? ... Ich *(Er gerät in Unordnung.)* Ich soll der aufrichtigsten Seele untreu sein? Wer? Ich? Gegen Ihren Herrn Vater soll ich etwas gesprochen haben? Was sind das für schreckliche Geheimnisse? ... Sie sehn mich ängstlich an, meine Schöne? Wie? Sie lieben mich nicht? Sie lassen sich durch meine Widerlegungen nicht bewegen? ... Sie hören meine Gründe nicht an? ... Bin ich nicht unschuldig? ... Wer sind meine Feinde? ... Ich berufe mich auf mein Herz, auf die Liebe, auf den Himmel. ... Doch auch mich zu entschuldigen könnte ein Zeichen des Verdachtes sein. ... Nein, meine Schöne, Sie müssen mir ohne Schwüre glauben. Ich will Sie, ich will meine Ruhe, mein Leben verlieren, wenn ich Ihnen untreu gewesen bin. Wollen Sie mir noch nicht glauben?

J u l c h e n. Herr Siegmund, Sie schwören?

L o t t c h e n *(mit Tränen).* Er ist wohl unschuldig.

S i e g m u n d. Ja, das bin ich. Ich liebe Sie. Ich bete Sie an und suche meine Wohlfahrt in Ihrer Zufriedenheit. Wollen Sie jene vergrößern: so stellen Sie diese wieder her, und lassen Sie den Verdacht fahren, den ich in der Welt niemanden vergeben kann als Ihnen. Soll ich das Glück noch erlangen, Sie als die Meinige zu besitzen?

L o t t c h e n *(sie sieht ihn kläglich an).* Mich? ... als die Ihrige? ... Ja!

J u l c h e n. Meine Schwester!

L o t t c h e n. Schweig. Herr Siegmund, ich möchte nur

noch ein Wort mit meinem Papa sprechen, alsdann
wollen wir unsere Feinde beschämen.

S i e g m u n d. Ich will ihn gleich suchen. Soll ich die
übrige Gesellschaft auch mitbringen? Wir müssen doch
die gebräuchlichen Zeremonien mit beobachten.

L o t t c h e n. Ja. Ich will nur einige Worte mit dem
Papa sprechen. Alsdann bitte ich Sie nebst den andern
Herren nachzukommen.

NEUNZEHNTER AUFTRITT

Julchen. Lottchen. Cleon.

C l e o n. Nun, meine Kinder, wenn euch nichts weiter
aufhält: so sähe ich's gern, wenn ihr die Ringe wech-
seltet, damit wir uns alsdann Paar und Paar zu Tische
setzen können. Ei, Lottchen, wer hätte heute früh gedacht, daß du auf den Abend mit einem Rittergute
zu Bette gehen würdest! Der Himmel hat es wohl
gemacht. Julchen kriegt einen reichen und wackern
Mann, weil sie wenig hat. Und du, weil du viel hast,
machst einen armen Mann glücklich. Das ist schön.
Dein Siegmund wird schon erkenntlich für deine Treue
sein. Er kann einem durch seine Worte recht das Herz
aus dem Leibe reden. Der ehrliche Mann! Wievielmal
hat er mir nicht die Hand geküßt! Wie kindlich hat er
mich nicht um meine Einwilligung gebeten!

L o t t c h e n. Das ist vortrefflich. Nun lebe ich wieder.
Lieber Papa, hat Herr Siegmund denn heute bei Ihnen
um meine Schwester angehalten? Das kann ich nicht
glauben.

C l e o n. So halb und halb hat er's wohl getan. Er
mochte etwan denken, daß Herr Damis ein Auge auf
dich geworfen hätte und daß dir's lieber sein würde,
einen Mann mit vielem Gelde zu nehmen. Ich war
anfangs etwas unwillig auf ihn; aber er hat mich schon
wieder gutgemacht. Man kann sich ja wohl übereilen,
wenn man nur wieder zu sich selber kömmt. Da kommen sie alle.

ZWANZIGSTER AUFTRITT

Die Vorigen. Siegmund. Simon. Damis. Der Magister.

C l e o n. Endlich erlebe ich die Freude, die ich mir lange
gewünscht habe. Ich will Sie, meine Herren, mit keiner
weitläuftigen Rede aufhalten. Die Absicht unserer Zu-
sammenkunft ist Ihnen allerseits bekannt. Kurz, meine
lieben Töchter, ich erteile euch meinen väterlichen Se-
gen und meine Einwilligung. *(Er sieht Lottchen weinen.)* Weine nicht, Lottchen, du machst mich sonst
auch weichmütig.

L o t t c h e n. Meine Tränen sind Tränen der Liebe. Ich
habe also Ihre Einwilligung zu meiner Wahl? Ich
danke Ihnen recht kindlich dafür.

S i m o n *(zu Lottchen)*. Aber, meine liebe Mamsell, Sie
wollen ... Wie?

D a m i s. Ach, liebste Jungfer Schwester, ich bitte Sie ..

L o t t c h e n. Was bitten Sie? Wollen Sie Julchen vor
meinen Händen empfangen? *(Sie führt sie zu ihm.)*
Hier ist sie. Ich stifte die glücklichste Liebe. Und Sie
Herr Siegmund ...

S i e g m u n d. Ich nehme Ihr Herz mit der vollkommen-
sten Erkenntlichkeit an und biete Ihnen diese Hand ..

L o t t c h e n. Unwürdiger! Mein Vermögen kann ich
Ihnen schenken; aber nicht mein Herz. Bitten Sie meinem Vater und der übrigen Gesellschaft, die Sie in mir
beleidiget haben, Ihre begangene Niederträchtigkeit ab.
Ich habe sie Ihnen schon vergeben, ohne mich zu bekümmern, ob Sie diese Vergebung verdienen. *(Zum
Vormunde.)* Und Ihnen, mein Herr, küsse ich die Hand
für Ihre Aufrichtigkeit. Wenn ich jemals mich wieder
zur Liebe entschließe: so haben Sie das erste Recht auf
mein Herz. *(Zu Siegmunden.)* Sie aber werden so billig
sein und, ohne sich zu verantworten, uns verlassen.

S i e g m u n d. Recht gern. *(Indem er geht.)* Verflucht ist
die Liebe!

D a m i s. Nicht die Liebe, nur die Untreue. Dies ist ihr
Lohn.

L o t t c h e n *(sie ruft ihm noch nach)*. Sie werden morgen durch meine Veranstaltung so viel Geld erhalten,

daß Sie künftig weniger Ursache haben, ein redliches
Herz zu hintergehn.

C l e o n. Lottchen, was machst du? Ich bin alles zufrieden. Du hast ja mehr Einsicht als ich.

J u l c h e n. O liebe Schwester, wie groß ist dein Herz!
Gott weiß es, daß ich keine Schuld an seinem Verbrechen habe. O wenn ich dich doch so glücklich sähe
als mich!

D e r   M a g i s t e r. Ich bin ruhig, daß ich das Laster
durch mich entdeckt und durch sich selbst bestraft sehe.
So geht es. Wenn man nicht strenge gegen sich selbst
ist: so rächen sich unsere Ausschweifungen für die
Nachsicht, die wir mit unsern Fehlern haben.

S i m o n *(zu Lottchen)*. Ich, meine Freundin, würde das
Recht, das Sie mir künftig auf Ihr Herz erteilet haben,
heute noch behaupten, wenn ich Ihnen nicht schon das
Wort gegeben hätte, an dieses Glück niemals zu denken. Ich bin belohnt genug, daß Sie mich Ihrer nicht
für unwürdig halten und daß der Untreue bestraft ist.

L o t t c h e n. O Himmel! laß es dem Betrüger nicht
übelgehen. Wie redlich habe ich ihn geliebt, und wie
unglücklich bin ich durch die Liebe geworden! Doch
nicht die Liebe, die Torheit des Liebhabers hat mich
unglücklich gemacht. Bedauern Sie mich.

(Ende des dritten und letzten Aufzugs.)

LITERATUR

1. Zur Komödie der Aufklärung

Aikin-Sneath, Betsy: Comedy in Germany in the first Half of the eighteenth Century. Oxford 1936.

Beare, Mary: Die Theorie der Komödie von Gottsched bis Jean Paul. Diss. Bonn 1927.

Brüggemann, Diethelm: Die sächsische Komödie. Studien zum Sprachstil. Köln 1970.

Creizenach, Wilhelm: Zur Entstehungsgeschichte des deutschen Lustspiels. Halle a. S. 1879.

Friederici, Hans: Das deutsche bürgerliche Lustspiel der Frühaufklärung (1736–1750), unter besonderer Berücksichtigung seiner Anschauungen von der Gesellschaft. Halle a. S. 1957.

Holl, Karl: Geschichte des deutschen Lustspiels. Darmstadt 1964. (Reprographischer Nachdruck der Ausgabe Leipzig 1923.)

Holl, Karl: Weinerliches Lustspiel. In: Reallexikon der Deutschen Literaturgeschichte. Bd. III. Berlin 1929. S. 500 f.

Prang, Helmut: Geschichte des Lustspiels. Von der Antike bis zur Gegenwart. Stuttgart 1968.

Rieck, Werner: Das deutsche Lustspiel von Weise bis zur Gottschedin (1688–1736). Potsdam 1963.

Schlenther, Paul: Frau Gottsched und die bürgerliche Komödie. Ein Kulturbild aus der Zopfzeit. Berlin 1886.

Steinmetz, Horst: Die Komödie der Aufklärung. Stuttgart [2]1971.

Wetzel, Hans: Das empfindsame Lustspiel der deutschen Frühaufklärung. Diss. München 1956 (masch.).

Wicke, Günter: Die Struktur des deutschen Lustspiels der Aufklärung. Versuch einer Typologie. Bonn [2]1968. (Abhandlungen zur Kunst-, Musik- und Literaturwissenschaft. Bd. 26.)

Witkowski, Georg: Geschichte des literarischen Lebens in Leipzig. Leipzig u. Berlin 1909.

2. Zu Gellerts Leben und Werk

Brüggemann, Diethelm: Gellert, der gute Geschmack und die üblen Briefsteller. Zur Geschichte der Rhetorik in der Moderne. In: Deutsche Vierteljahrsschrift für Literaturwissenschaft und Geistesgeschichte 45 (1971) S. 117–149.

Brüggemann, Fritz: Gellerts ›Schwedische Gräfin‹, der Roman der Welt- und Lebensanschauung des vorsubjektivistischen Bürgertums. Eine entwicklungsgeschichtliche Analyse. Aachen 1925.

Brüggemann, Fritz (Hrsg.): Die bürgerliche Gemeinschaftsliteratur der vierziger Jahre. 1. Teil: Lyrik und Roman. 2. Teil: Drama. Leipzig 1933. (Deutsche Literatur in Entwicklungsreihen. Reihe Aufklärung. Bd. 5. 6.)

Capt, Louis: Gellerts Lustspiele. Diss. Zürich 1949.

Coym, Johannes: Gellerts Lustspiele. Ein Beitrag zur Entwicklungsgeschichte des Lustspiels. New York u. London 1967. (Reprographischer Nachdruck der Ausgabe Berlin 1899.)

Friederici, Hans: Chr. F. Gellerts Beitrag zu einer deutschen Nationalliteratur. (Anläßlich seines 250. Geburtstags.) In: Wissenschaftliche Zeitschrift der Pädagogischen Hochschule Potsdam X, 2 (1966) S. 211–219.

Haynel, Woldemar: Gellerts Lustspiele. Diss. Leipzig 1896.

Jacobs, Jürgen: Gellerts Dichtungstheorie. In: Literaturwissenschaftliches Jahrbuch 10 (1969) S. 95–108.

Kretschmer, Elisabeth: Gellert als Romanschriftsteller. Breslau 1902. (Diss. Heidelberg.)

Martens, Wolfgang (Hrsg.): Christian Fürchtegott Gellert: ›Die Betschwester‹. Text und Materialien zur Interpretation. Berlin 1962. (Komedia 2.)

Martens, Wolfgang: Lektüre bei Gellert. In: Festschrift für Richard Alewyn (1967). S. 123–150.

Martens, Wolfgang: Über Weltbild und Gattungstradition bei Gellert. In: Festschrift für D. W. Schumann (1970). S. 74–82.

May, Kurt: Das Weltbild in Gellerts Dichtung. Frankfurt a. M. 1928. (Deutsche Forschungen 21.)

Michael, Erich: Zu Gellerts Roman ›Leben der Schwedischen Gräfin von G.‹ In: Leipziger Zeitung vom 29. Juni 1912 (Wissenschaftliche Beilage).

Muncker, Franz (Hrsg.): Bremer Beiträger. Berlin u. Stuttgart o. J. (Deutsche National-Litteratur. Bd. 43.)

Pellegrini, Alessandro: Die Krise der Aufklärung. Das dichterische Werk von Chr. F. Gellert und die Gesellschaft seiner Zeit. In: Literaturwissenschaftliches Jahrbuch 7 (1966/67) S. 37–96.

Rausch, Ursula: Ph. v. Zesens ›Adriatische Rosamund‹ und Chr. F. Gellerts ›Leben der schwedischen Gräfin von G.‹ Eine Untersuchung zur Individualitätsentwicklung im deutschen Roman. Freiburg i. Br. 1961.

Russell, Katharine: Das Leben der schwedischen Gräfin von G . . . A critical discussion. In: Monatshefte für deutschen Unterricht, deutsche Sprache und Literatur (Madison) 40 (1948) S. 328 ff.

Schlingmann, Carsten: Gellert. Eine literar-historische Revision. Bad Homburg, Berlin u. Zürich 1967.

Schmidt, Erich: Christian Fürchtegott Gellert. In: Allgemeine Deutsche Biographie. Bd. 8. Leipzig 1878. S. 544–549.

Spaethling, R. H.: Die Schranken der Vernunft in Gellerts ›Leben der schwedischen Gräfin von G.‹ Ein Beitrag zur Geistesgeschichte der Aufklärung. In: PMLA 81 (1966) S. 224–235.

ZEITTAFEL

1715 4. Juli: Christian Fürchtegott Gellert als fünftes von zwölf Kindern des Pfarrers Christian Gellert in Hainichen/Sa. geboren.

1729–34 Besuch der Fürstenschule Meißen.

1734–38 Studium in Leipzig (Theologie, Geschichte, Literatur, Philosophie).

1738 Abbruch des Studiums aus Geldmangel.

1739–40 Erzieher und Hauslehrer bei den jungen Grafen von Lüttichau, in der Nähe von Dresden.

1740–41 Vorbereitung seines Neffen auf das Universitätsstudium, in Hainichen.

1741 Rückkehr nach Leipzig.

1741–45 Mitarbeit an Schwabes ‚Belustigungen des Verstandes und Witzes‘ (Fabeln, Erzählungen, Schäferspiele, Lehrgedichte).
Freundschaft mit Johann Elias Schlegel.

1742 ‚Gedanken von einem guten deutschen Briefe‘.

1744 Promotion zum Magister. Lehrtätigkeit an der Universität.
‚Das Band‘, Schäferspiel (Druck in den ‚Belustigungen‘).

1745 Habilitation mit einer Schrift über die Fabeldichtung: ‚De poesi apologorum corumque scriptoribus‘.
‚Sylvia‘, ‚Das Orakel‘, Schäferspiele (Druck in den ‚Belustigungen‘).
‚Die Betschwester‘ (Druck, anonym, in den ‚Bremer Beiträgen‘).

1746 ‚Das Loos in der Lotterie‘ (Druck in den ‚Bremer Beiträgen‘).
‚Das Leben der Schwedischen Gräfin von G.‘
‚Fabeln und Erzählungen‘.

1747 ‚Von den Trostgründen wider ein sieches Leben‘.
‚Lustspiele‘. Darin außer den bereits veröffentlichten Komödien und Schäferspielen zum ersten Mal: ‚Die zärtlichen Schwestern‘ und ‚Die kranke Frau‘.

1748 ‚Fabeln und Erzählungen‘. 2. Teil.

1751 Ernennung zum außerordentlichen Professor. Antrittsvorlesung: ‚Pro comoedia commovente‘.
‚Briefe, nebst einer praktischen Abhandlung von dem guten Geschmacke in den Briefen‘.

1754 ‚Lehrgedichte und Erzählungen‘ (großenteils Neufassungen der schon in den ‚*Belustigungen*‘ veröffentlichten Stücke).

1756   ‚*Sammlung vermischter Schriften*‘ (Fabeln, Erzählungen, Reden, Abhandlungen).

1757   ‚*Geistliche Oden und Lieder*‘.

1760   18. Dezember: Audienz bei Friedrich II.

1769   13. Dezember: Christian Fürchtegott Gellert gestorben.

1769–73 1. Ausgabe ‚*Sämtlicher Schriften*‘.

1770   1. Ausgabe der ‚*Moralischen Vorlesungen*‘.

PIERRE-MATHIEU-MARTIN DE CHASSIRON

Betrachtungen über das Weinerlich-Komische
Übersetzt von Gotthold Ephraim Lessing

‚Die Schaubühne der Griechen‘, das unsterbliche Werk des
Pater Brumois[1], lehret uns, daß die Komödie, nachdem
sie ihre bretterne Gerüste verlassen, ihr Augenmerk auf
den Unterricht der Bürger, in Ansehung der politischen
Angelegenheiten der Regierung, gerichtet habe. In dem
ersten Alter der Bühne griff man viel mehr die Personen
als die Laster an und gebrauchte lieber die Waffen der
Satire als die Züge des Lächerlichen. Damals waren der
Weltweise, der Redner, die Obrigkeit, der Feldherr, die
Götter selbst den allerblutigsten Spöttereien ausgesetzt;
und alles, ohne Unterschied, ward das Opfer einer Freiheit, die keine Grenzen kannte.

Die erstern Gesetze schränkten diese unbändige Frechheit der Dichter einigermaßen ein. Sie durften sich nicht
erkühnen, irgendeine Person zu nennen; allein, sie fanden gar bald das Geheimnis, sich dieses Zwangs wegen
schadlos zu halten. Aristophanes und seine Zeitgenossen
schilderten unter geborgten Namen vollkommen glei-
chende Charaktere, so daß sie das Vergnügen hatten,
sowohl ihrer Eigenliebe als der Bosheit der Zuschauer auf
eine feinre Art ein Gnüge zu tun.

Das dritte Alter der atheniensischen Bühne war unendlich weniger frech. Menander, welcher das Muster derselben ward, verlegte die Szene an einen eingebildeten
Ort, welcher mit dem, wo die Vorstellung geschah, nichts
mehr gemein hatte. Die Personen waren gleichfalls Ge-
schöpfe der Erfindung und wie die Begebenheiten erdich-
tet. Neue Gesetze, welche weit strenger als die erstern

1. Das ‚Théâtre des Grecs‘ (1730) von Pierre Brumois (1688–1742)
enthält Übersetzungen und Erläuterungen griechischer Tragödien.

waren, erlaubten dieser neuen Art von Komödie nicht
das geringste von dem zu behalten, was sie etwa den
ersten Dichtern konnte abgeborgt haben.

Das lateinische Theater machte in der Art des Menanders keine Veränderung, sondern begnügte sich, ihr mehr
oder weniger knechtisch nachzuahmen, nach dem das
Genie seiner Verfasser beschaffen war. Plautus, welcher
eine vortreffliche Gabe zu scherzen hatte, entwarf alle
seine Schilderungen von der Seite des Lächerlichen und
wäre weit lieber ein Nacheiferer des Aristophanes als des
Menanders gewesen, wenn er es hätte wagen dürfen.
Terenz war kälter, anständiger und regelmäßiger; seine
Schilderungen hatten mehr Wahrheit, aber weniger Leben. Die Römer, sagt der Pater Rapin[2], glaubten in
artiger Gesellschaft zu sein, wann sie den Lustspielen
dieses Dichters beiwohnten; und seine Scherze sind, nach
dem Urteile der Frau Dacier[3], von einer Leichtigkeit und
Bescheidenheit, die den Lustspieldichtern aller Jahrhunderte zum Muster dienen kann.

Die persönliche Satire und das Lächerliche der Sitten
machten also die aufeinanderfolgenden Kennzeichen der
Gedichte von diesen verschiedenen Arten des Komischen
aus; und unter diesen Zügen einzig und allein suchten die
Verfasser ihre Mitbürger zu bessern und zu ergötzen.
Doch diese letzte Art, welche sich auf alle Stände er-
strecken konnte, ward nicht so weit getrieben, als sie es
wohl hätte sein können. Wir haben in der Tat kein Stück,
weder im Griechischen noch im Lateinischen, dessen Gegenstand unmittelbar das Frauenzimmer sei. Aristophanes führt zwar oft genug Weibsbilder auf, allein nur
immer als Nebenrollen, welche keinen Anteil an dem Lächerlichen haben; und auch alsdenn, wenn er ihnen die ersten Rollen gibt, wie zum Exempel in den ,*Rednerinnen*'[4],

2. René Rapin (1621–87), französischer Dichter und Kritiker. Chassiron bezieht sich auf die ,*Réflexions sur la Poétique d'Aristote et
sur les ouvrages des Poètes anciens et modernes*' (1675).

3. Anna Dacier (1654–1720) machte sich als Übersetzerin und Kom-
mentatorin antiker Dichter (unter ihnen auch Plautus und Terenz)
einen Namen. Am berühmtesten wurde ihre Homer-Übertragung
(1708).

4. Gemeint sind die ,*Ekklesiazusen*'.

fällt dennoch die Kritik auf die Mannspersonen zurück, welche den wahren Gegenstand seines Gedichts ausmachen.

Plautus und Terenz haben uns nichts als das schändliche und feile Leben der griechischen Buhlerinnen vorgestellt. Diese häßlichen Schilderungen können uns keinen richtigen Begriff von der häuslichen Aufführung des römischen Frauenzimmers machen; und unsre Neugierde wird beständig ein für die Kritik so weitläuftiges und fruchtbares Feld vermissen. Die Neuern, welche glücklicher (oder soll ich vielmehr sagen, verwegener?) waren, haben sich die Sitten des andern Geschlechts besser zunutze gemacht, und ihnen haben wir es zu danken, daß es nunmehr nicht anders als auf gemeine Unkosten lachen kann.

Das Jahrhundert des Augustus, welches fast alle Arten zur Vollkommenheit brachte, ließ dem Jahrhunderte Ludewigs des XIV. die Ehre, die komische Dichtkunst bis dahin zu bringen. Da aber die Ausbreitung des Geschmacks nur allmählich geschieht, so haben wir vorher tausend Irrtümer erschöpfen müssen, ehe wir auf den bestimmten Punkt gelangt sind, auf welchen die Kunst eigentlich kommen muß. Als unbehutsame Nachahmer des spanischen Genies suchten unsre Väter in der Religion den Stoff zu ihren verwegenen Ergötzungen; ihre unüberlegte Andacht unterstand sich, die allerverehrungswürdigsten Geheimnisse zu spielen, und scheute sich nicht, eine ungeheure Vermischung von Frömmigkeit, Ausschweifungen und Possen auf die öffentlichen Bühnen zu bringen.

Hierauf bemächtigte sich, zufolge einer sehr widersinnigen Abwechselung, der Geschmack an verliebten Abenteuern unsrer Szene. Man sahe nichts als Romane, die aus einer Menge Liebshändel zusammengesetzt waren, sich auf derselben verwirren und zum Erstaunen entwickeln. Alle das Fabelhafte und Unglaubliche der irrenden Ritterschaft, die Zweikämpfe und Entführungen schlichen sich in unsre Lustspiele ein; das Herz ward dadurch gefährlich angegriffen, und die Frömmigkeit hatte Ursache, darüber unwillig zu werden.

Endlich erschien Corneille, welcher dazu bestimmt

war, die eine Szene sowohl als die andre berühmt zu
machen. ‚Mélite‘ brachte eine neue Art von Komödie
hervor; und dieses Stück, welches uns jetzt so schwach
und fehlerhaft scheint, stellte unsern erstaunten Vor-
ältern Schönheiten dar, von welchen man ganz und gar
nichts wußte.

Unterdessen muß man doch erst von dem ‚Lügner‘ die
Epoche der guten Komödie rechnen. Der große Corneille,
welcher den Stoff dazu aus einem spanischen Poeten zog,
leistete damit dem französischen Theater den allerwich-
tigsten Dienst. Er eröffnete seinen Nachfolgern den Weg,
durch einfache Verwicklungen zu gefallen, und lehrte die
sinnreiche Art, sie unsern Sitten gemäß einzurichten.

Von dem ‚Lügner‘ muß man sogleich auf den Molière
kommen, um die französische Szene auf ihrer Staffel der
Vollkommenheit zu finden. Diesem bewundernswürdi-
gen Schriftsteller haben wir die siegenden Einfälle zu
danken, welche unsere Lustspiele auf alle europäische
Bühnen gebracht haben und uns einen so besondern Vorzug vor den Griechen und Römern geben.

Nunmehr sahe man alle Schönheiten der Kunst und
des Genies in unsern Gedichten verbunden: eine vernünftige Ökonomie in der Einteilung der Fabel und dem
Fortgange der Handlung; fein angebrachte Zwischenfälle, die Aufmerksamkeit des Zuschauers anzufeuren;
ausgeführte Charaktere, die mit Nebenpersonen in eine
sinnreiche A b s t e c h u n g* gebracht waren, um den
Originalen desto mehr Vorsprung zu geben. Die Laster
des Herzens wurden der Gegenstand des hohen Komischen, welches dem Altertume und, vor Molièren, allen
Völkern Europens unbekannt war und eine neue erhabne
Art ausmacht, deren Reize nach Maßgebung des Um-
fanges und der Zärtlichkeit der Gemüter empfunden
werden. Endlich so sahe man auch in der von den Alten
nachgeahmten Gattung eine auf die Sitten und Hand-

---

* Durch dieses Wort habe ich das französische „contraste" übersetzen wollen. Wer es besser zu übersetzen weiß, wird mir einen Gefallen tun, wann er es mich lehret. Nur daß er nicht glaubt, es durch
„Gegensatz" zu geben. Ich habe „Abstechung" deswegen gewählt,
weil es von den Farben hergenommen und also ebensowohl ein male-
risches Kunstwort ist als das französische. (Anmerkung von Lessing.)

lungen des bürgerlichen und gemeinen Lebens sich beziehende Beurteilung; das Lustige und Spaßhafte wurde aus dem Innersten der Sache selbst genommen und weniger durch die Worte als durch die wahrhaftig komischen Stellungen der Spiele ausgedrückt.

Bei Erblickung dieses edeln Fluges konnte man natürlicherweise nicht anders denken, als daß die Komödie auf diesem Grade der Vortrefflichkeit, welchen sie endlich erlangt hatte, stehenbleiben und daß man wenigstens alle Mühe anwenden würde, nicht aus der Art zu schlagen. Allein, wo sind die Gesetze, die Gewohnheiten, die Vergleiche, welche dem Eigensinne der Neuigkeit widerstehen und den Geschmack dieser gebietrischen Göttin festsetzen könnten? Das Ansehen des Molière, und noch mehr die Empfindung des Wahren, nötigten zwar einigermaßen verschiedne von seinen Nachfolgern, in seine Fußtapfen zu treten, und lassen ihn auch noch jetzt berühmte Schüler finden. Doch der größte Teil unser Verfasser und selbst diejenigen, welchen die Natur die meisten Gaben erteilet hat, glauben, daß sie ein so nützliches Muster verlassen können, und bestreben sich um die Wette, einen Namen zu erlangen, den sie weder der Nachahmung der Alten noch der Neuern zu danken hätten.

Ich will unter der Menge von Neuigkeiten, die sie auf unsre Szene gebracht haben, nichts von jenen besondern Komödien sagen, worinne man Wesen der Einbildung zur wirklichen Person gemacht und sie anstatt dieser gebraucht hat: es ist dieses ein feienmäßiger Geschmack, und nur die Oper hat das Recht, sich ihn zuzueignen. Auch von jenen Komödien will ich nichts gedenken, worinne die spitzige Lebhaftigkeit des Gesprächs anstatt der Verwicklung und Handlung dienen muß; man hat sie für nichts als für feine Zergliederungen der Empfindungen des Herzens und für ein Zusammengesetztes aus Einfällen und Strahlen der Einbildungskraft anzusehen, welches geschickter ist, einen Roman glänzend zu machen als ein dramatisches Gedicht mit seinen wahren Zieraten auszuputzen. Ich will mich vorjetzo bloß auf diejenige neue Gattung des Komischen einschränken, welcher der

Abt Desfontaines[5] den Zunamen der w e i n e r l i c h e n
gab und für die man in der Tat schwerlich eine anstän-
digere und gemäßere Benennung finden wird.

Damit man mir aber nicht ein Unding zu bestreiten,
schuld geben könne, so muß ich hier die Maximen eines
Apologisten der ,Mélanide'[6], dieser mit Recht so berühmten Komödie, von welcher ich noch oft in der Folge zu
reden Gelegenheit finden werde, einrücken. „Warum
wollte man", sagt er, „einem Verfasser verwehren, in
ebendemselben Werke das Feinste, was das Lustspiel hat,
mit dem Rührendsten, was das Trauerspiel darbieten
kann, zu verbinden. Es tadle diese Vermischung, wer da
will; ich, für mein Teil, bin sehr wohl damit zufrieden.
Die Veränderungen sogar in den Ergötzungen lieben, ist
der Geschmack der Natur ... Man geht von einem Vergnügen zu dem andern über; bald lacht man, und bald
weinet man. Diese Gattung von Schauspielen, wenn man
will, ist neu; allein sie hat den Beifall der Vernunft und
der Natur, das Ansehen des schönen Geschlechts und die
Zufriedenheit des Publikums für sich."

Von dieser Art sind die gefährlichen Maximen, gegen
die ich mich zu setzen wage; denn man merke wohl, daß
ich von einer aufrichtigen Bewunderung des Genies der
Verfasser durchdrungen bin und niemals etwas anders
als den Geschmack ihrer Werke, oder vielmehr ' d a s
W e i n e r l i c h - K o m i s c h e   ü b e r h a u p t   g e -
n o m m e n, angreife. Ich habe mir beständig die Freiheit vorbehalten, den liebenswürdigen Dichtern tausend
Lobsprüche zu erteilen, die uns durch sehr wirkliche

5. Der französische Kritiker Pierre François Guyot Desfontaines
(1685–1745) wurde vor allem durch seinen literarischen Streit mit
Voltaire bekannt, den er in seinen ,Observations sur les écrits modernes' (1735) angegriffen hatte und in denen er sich sehr positiv zu La
Chaussées Komödien äußerte.
6. ,Mélanide' ist die berühmteste Komödie von Pierre Claude
Nivelle de La Chaussée, zugleich der Prototyp des rührenden Lustspiels. – Der „Apologist" der ,Mélanide' ist der Verfasser des 1741
anonym erschienenen ,Lettre sur Mélanide', der in dem Streit um
das rührende Lustspiel entschieden für diese neue Gattung des Komischen eintrat. Der ,Lettre' ist eine Antwort auf das ebenfalls 1741
anonym erschienene ,Jugement sur Mélanide, comédie nouvelle, ou le
temple de la critique'.

Schönheiten der Ausführung, durch die Entdeckung verschiedner wahren und sich ausnehmenden Schilderungen
und Charaktere, durch die blendende Neuigkeit ihrer
Farbenmischung oft dasjenige zu verbergen wußten, was
an dem Wesentlichen ihrer Fabel etwa nichtig oder fehlerhaft sein konnte. Das Genie des Verfassers strahlet
allezeit durch und kann ihm, ohngeachtet der Fehler
seines Werks, ein gerechtes Lob erwerben: allein, die
Fehler seines Werks strahlen gleichfalls durch und können, trotz den Bezaubrungen, die das Genie des Werk-
meisters angebracht hat, mit Grund getadelt werden.

Nachdem ich also den hochachtungswürdigen Gaben
der Künstler in dieser neuen Gattung Gerechtigkeit widerfahren lassen, so laßt uns ohne Furcht den Geschmack
ihrer Stücke untersuchen und gleich anfangs sehen, ob
ihnen das Altertum Beispiele darbiete, die sie uns zur
Rechtfertigung ihrer Wahl entgegensetzen können.

Aus dem leichten Entwurfe, den wir eben jetzt betrachtet haben, ist es klar und deutlich, daß ihnen das
griechische Theater keine Idee, die mit dem Weinerlich-
Komischen analogisch wäre, geben konnte. Die Stücke des
Aristophanes sind eigentlich fast nichts als satirische Ge-
spräche; und aus den Fragmenten des Menanders erhellet,
daß auch dieser Dichter bloß die Farben des Lächerlichen
oder derjenigen allgemeinen Kritik gebraucht habe, welche
mehr den Witz erfreuet als das Gemüte angreift.

Die Art und Weise des lateinischen Theaters ist eben-
sowenig für sie. Es ist ganz und gar nicht die Weich-
machung der Herzen, die Plautus zum Gegenstand seiner
Lustspiele gewählt hat. Keine einzige von seinen Fabeln,
kein einziger von seinen Zwischenfällen, kein einziger
von seinen Charaktern ist dazu bestimmt, daß wir Tränen darüber vergießen sollen. Es ist wahr, daß man bei
dem Terenz einige rührende Szenen findet; zum Exempel
diejenigen, wo Pamphilus seine zärtliche Unruhe für die
Glycerium, die er verführt hatte, ausdrückt[7]: allein, die
Stellung eines jungen verliebten Menschen, der von der
Ehre und von der Leidenschaft gleich stark getrieben

_____

7. Gestalten aus der Komödie *„Das Mädchen von Andros‘*.

wird, hat ganz und gar keine Ähnlichkeit mit den Stellungen unsrer neuen Originale. Terenz findet unter der Hand bewegliche Stellungen, dergleichen die Liebe beständig hervorbringt; und er drückt sie auch mit demjenigen Feuer und mit derjenigen ungekünstelten Einfalt aus, welche die Natur so wohl treffen und auf einen gewissen Punkt feststellen. Ist aber dieses der Geschmack der neuen Schauspielschreiber? Sie wählen, mit allem Bedacht, eine traurige Handlung, und durch eine natürliche Folge sind sie hernach verbunden, ihren vornehmsten Personen einen klagenden Ton zu geben und das Komische für die Nebenrollen aufzubehalten. Die Zwischenfälle entstehen bloß, um neue Tränen vergießen zu lassen, und man geht endlich aus dem komischen Schauspiele mit einem von Schmerz ebenso beklemmten Herze, als ob man die ‚*Medea*' oder den ‚*Thyest*' hätte aufführen sehen.

Bei den Alten also können die Urheber der neuen Gattung ihre klägliche Weise nicht gelernt haben; und ihr Sieg würde nicht lange ungewiß bleiben, wenn er von ihren Beispielen abhinge oder auch nur von den Beispielen der französischen Dichter, welche bis zu Anfange dieses Jahrhunderts auf unserm Theater geglänzt haben. Der Zusammenfluß so vieler wichtigen Exempel könnte ohne Zweifel eine siegende Überzeugung verursachen; gleichwohl aber will ich diesem Vorteile auf einen Augenblick entsagen und untersuchen, ob diese neue mit komischen und kläglichen Zügen vermischten Akzente genau aus der Natur hergeholet sind. Ich räume es ein, daß der widrige Gebrauch, dem man zwanzig Jahrhunderte hindurch gefolgt ist, die Vernunft nicht aus ihrem Rechte verdringen kann und daß ein von ihm geheiligter Irrtum deswegen nicht aufhöre, ein Irrtum zu sein. Ich gebe meinen Gegnern folglich alle mögliche Bequemlichkeit, und sie können, ohne ungerecht zu sein, mehr Höflichkeit und Uneigennützigkeit von mir nicht fordern.

Nach den verschiednen Rührungen des Herzens entweder lachen oder weinen, sind, ohne Zweifel, natürliche Empfindungen: allein, in ebendemselben Augenblicke lachen und weinen und jenes in der einen Szene fortsetzen, wenn man in der andern dieses tun soll, das ist

ganz und gar nicht nach der Natur. Dieser schleinige
Übergang von der Freude zur Betrübnis und von der
Betrübnis zur Freude setzt die Seele in Zwang und verursacht ihr unangenehme und gewaltsame Bewegungen.

Damit man diese Wahrheit in aller ihrer Stärke empfinde, so wird man mir erlauben, ein verhaßtes Exempel
anzuführen: denn wenn man nicht überreden kann, so
muß man zu überzeugen suchen. In dem ungeheuren
Lustspiele „Samson‘⁸ reißt dieser von einem mutigen
Eifer erfüllte Held, nachdem er das höchste Wesen an-
gerufen, die Tore des Gefängnisses ein und trägt sie auf
seinen Schultern fort. Den Augenblick darauf erscheint
Harlekin und bringt einen Kalekutschhahn⁹ und schüt-
telt sich in komischen Possen aus, die ebenso kriechend
sind, als die Empfindungen des Helden edel und großmütig zu sein geschienen hatten. Ich bitte, was kann man
wohl zu einer A b s t e c h u n g sagen, die auf einmal
zwei so widrige Stellungen zeiget und zwei so widerspre-
chende Bewegungen verursachet? Kann man noch zwei-
feln, daß Vernunft und Anständigkeit ihr gleich sehr
zuwider sind? Kann man verhindern, daß nicht eine Art
von Verdruß gegen den Zusammenlauf nichtswürdiger
Zuschauer, welche solche widerwärtige Ungereimtheiten
bewundern können, in uns entstehen sollte?

Über eine so närrische Vermischung läßt man ohne
Zweifel die Verdammung ergehen: allein, es gibt eine
minder merkliche, welche eine edlere Wendung hat, und
diese ist es, der man wohlwill und zu deren Verteidigung
man bis zu den ersten Grundsätzen zurückgeht.

8. Gemeint ist die 1730 erschienene Tragikomödie des Pariser
Schauspielers Jean-Antoine Romagnesi. Sie stellt die Neufassung
einer ursprünglich spanischen Komödie dar.
9. Kalekutschhahn = Truthahn. Der Harlekin setzt den Hahn auf
eine seiner Schultern und imitiert in komischer Verzerrung Samson,
der vorher seinen Vater und die Tore des Gefängnisses, aus dem er
seinen Vater befreit, fortgetragen hatte. – Chassirons Kritik ist
reichlich ungenau: Die Befreiung aus dem Gefängnis erfolgt am Ende
des dritten Aktes, die parodierende Harlekinsszene bildet die vor-
letzte des fünften. Sie kontrastiert allerdings sehr stark mit dem unmittelbar vorangehenden Gebet, das jedoch der Vater spricht, nicht
aber Samson.

Derjenige, sagt man, der das Schauspiel einer Komödie zuerst aufführte, konnte nach keinem Muster arbeiten; er machte sich einen Plan nach seiner Einsicht, und das neue Werk bekam folglich seine Natur und seine Eigenschaften aus dem Innersten seiner Begriffe. Die, welche nachfolgten, glaubten ebensowohl ein Recht zum Erfinden zu haben; unter ihren Händen bekam die Komödie eine neue Form, welche gleichfalls der Veränderung unterworfen war. Diese Veränderungen wurden nicht als Neuerungen ausgeschrien; man hatte es sich noch nicht in Sinn kommen lassen, daß es nicht erlaubt sei, Änderungen zu machen und die Hirngeburt eines Verfassers anders zu bearbeiten, deren Natur ziemlich willkürlich sein muß. Denn kurz, setzt man hinzu, das Wesen der Komödie, es mag nun bestehen, worinne es will, kann doch nimmermehr so unwandelbar festgesetzt sein, als es das Wesen der geometrischen Wahrheiten ist; und hieraus schließt man endlich, daß es unsern Neuern erlaubt sein müsse, die alte Einrichtung des komischen Gedichts zu ändern. Das Beispiel ihrer Vorgänger muntert sie dazu auf, und die Natur der Sache erlaubt es.

So übertäubend als dieser Einwurf zu sein scheinet, so braucht es, ihn übern Haufen zu stoßen, doch weiter nichts, als daß man die Grundsätze desselben zugibt und die daraus gemachte Folgerung leugnet. Es ist wahr, daß alle Geburten des Genies, so zu reden, ihr Tappen haben, bis sie zu ihrer Vollkommenheit gelangt sind; allein, es ist auch ebenso gewiß, daß verschiedne von denselben sie schon erreicht haben, als das epische Gedichte, die Ode, die Beredsamkeit und die Historie. Homer, Pindarus, Demosthenes und Thukydides sind die Lehrmeister des Virgils, des Horaz, des Cicero und des Livius gewesen. Das vereinigte Ansehen dieser großen Männer ist zum Gesetze geworden; und dieses Gesetz haben hernach alle Nationen angenommen und die Vollkommenheit einzig und allein an die genaue Nachahmung dieser alten Muster gebunden. Wenn es also nun wahr ist, daß das Wesen dieser verschiednen Werke so unveränderlich festgestellet ist, als es nur immer durch die allerverehrungswürdigsten Beispiele festgestellet werden kann; aus was für einer

besondern Ursache sollte es denn nur vergönnet sein, das
Wesen der Komödie zu ändern, welches durch die allgemeine Billigung nicht minder geheiliget ist.

Und man glaube nur nicht, daß diese durchgängige
Übereinstimmung schwer zu beweisen sei. Man nehme
den Aristophanes, Plautus und Terenz; man durchlaufe
das englische Theater und die guten Stücke des italiäni-
schen; man besinne sich hernach auf den Molière und
Regnard und verbinde diese tätlichen Beweise mit den
Entscheidungen der dramatischen Gesetzgeber, des Aristoteles, des Horaz, des Despréaux[10], des P. Rapins, so
wird man die einen sowohl als die andern dem System
des Kläglich-Komischen gänzlich zuwider finden. Zwar
wird man die notwendigen Verschiedenheiten zwischen
den Sitten und dem Genie der Dichter eines jeden Volks
bemerken; zwar wird man, nach Beschaffenheit der Gegenstände, in den Stücken, welche die Laster des Herzens
angreifen, einen notwendig ernsthaften Ton antreffen,
so wie man in denen, welche mit den Ungereimtheiten
des Verstandes zu tun haben, eine Vermischung des
Scherzes und des Ernstes, und in denen, welche nur das
Lächerliche schildern sollen, nichts als komische Züge und
Wendungen finden wird; zwar wird man sehen, daß die
Kunst eben nicht verbunden ist, uns zum Lachen zu
bewegen, und daß sie sich oft begnügt, uns weiter nicht
als auf diejenige innere Empfindung, welche die Seele
erweitert, zu bringen, ohne uns zu den unmäßigen Bewegungen zu treiben, welche laut ausbrechen: aber jenen
traurigen und kläglichen Ton, jenes romanenhafte Ge-
winsle, welches vor unsern Augen der Abgott des Frauenzimmers und der jungen Leute geworden ist, wird man
ganz und gar nicht gewahr werden. Mit einem Worte,
diese Untersuchung wird uns überzeugen, daß es wider
die Natur der komischen Gattung ist, uns unsre Fehler
beweinen zu lassen, es mögen auch noch so häßliche Laster geschildert werden; daß Thalia, so zu reden, auf
ihrer Maske keine andre Tränen als Tränen der Freude
und der Liebe duldet; und daß diejenigen, welche sie

10. Nicolas Boileau-Despréaux (1636–1711): ‚*L'Art poétique*‘ (1674),
die berühmteste französische Poetik des 17. Jahrhunderts.

quasi-tragische Tränen wollen vergießen lassen, sich nur
eine andre Gottheit für ihre Opfer suchen können.

Der Einwurf also, den man aus der willkürlichen
Natur der Komödie hergenommen, scheint mir hinlänglich
widerlegt zu sein; weil alles, was die vornehmste Wirkung, die ein Werk hervorbringen soll, vernichtet, ein
wesentlicher Fehler ist. Wollte man gleichwohl noch
darauf dringen, daß die Komödie natürlicherweise mehr
als irgendeine andre Geburt des Genies dem Geschmacke
des Jahrhunderts, in welchem man schreibt, unterworfen
sei und daß man diesem Geschmacke also folgen müsse,
wenn man darinne glücklich sein wolle; so nehme ich
diese Maximen ganz gerne an: allein, was kann daraus
zur Ehre des Weinerlich-Komischen fließen? Weit gefehlt,
daß der allgemeine Geschmack sich dafür erkläre; wenigstens sind die Stimmen geteilt. Es gibt ein auserwähltes
Häufchen Zuschauer, bei welchem das heilige Feuer der
Wahrheit gleichsam niedergelegt worden und dessen sich-
rer und unveränderlicher Geschmack sich niemals unter
die Tyrannei der Mode geschmiegt noch diesen Götzen
weniger Tage angebetet hat.

Diesem erleuchteten Teile des Publikums hat man es
zu danken, daß sich noch in allen Gattungen jene aus-
gesuchte Empfindung der Natur und jener vollkommene
Geschmack erhält, der, indem er wider die Blendungen
gefährlicher Neuigkeiten eifert, zugleich den wirklich
nützlichen Erfindungen ihren wahren Wert zu bestimmen weiß. Er ist ebenso einfach als die Wahrheit selbst;
oder wenn man lieber dem Lehrgebäude des französischen Odendichters[11] folgen will, so gibt es nur einen
gedoppelten, deren Züge hier zu entwerfen nicht undien-
lich sein wird, damit man den Unterschied ihrer Charaktere desto besser empfinde.

Der erste gibt sich mit den Lastern ab, welche verächtlich machen, und mit den Ungereimtheiten, durch

---

11. Gemeint ist eine Stelle aus der *‚Epître à Thalie‘* des französischen Dichters Jean-Baptiste Rousseau (1671–1741), der ein scharfer
Gegner der *comédie larmoyante* war:

> *Tout institut, tout art, toute police*
> *Subordonnée au pouvoir du caprice,*

die man lächerlich wird: er belebt seine Bilder mit lachen-
den und satirischen Zügen; er will, daß sich jeder in seinen Gemälden erkennen und über seine eigne Abschilderungen ebenso boshaft lachen solle, als ob alles auf
Kosten seines Nächsten gehe. Der andere hingegen greift
nur gewisse Fehler an, oder, besser zu reden, er greift
ganz und gar keine an: er sucht mühsam nichts als traurige und außerordentliche Stellungen und malt sie mit
den allerdunkelsten Farben. Der eine erfreut das Herz
und vergnügt den Geist, durch ein lebhaftes und sich ausnehmendes Spiel, welches allen Verdruß verjagt; der
andere stürzt uns durch einen traurigen Ton wieder hin-
ein und gibt sich alle Mühe, eure Seele durch gehäufte
Erzehlungen von Unglücksfällen zu betrüben. Nun wage
man es, den Vorzug zu entscheiden, oder leugne die
Wahrheit dieser Charaktere.

Meine Gegner werden nunmehr unter ihren Einwürfen
wählen müssen; denn ob man schon, durch die Beant-
wortung aller und jeder, die Materie ergründen würde,

> *Doit être aussi conséquemment pour tous*
> *Subordonnée à nos différents goûts.*
> *Mais de ces goûts la dissemblance extrême,*
> *A la bien prendre, est un faible problème:*
> *Et, quoiqu'on dise, on n'en saurait jamais*
> *Compter que deux; l'un bon, l'autre mauvais.*
> *Par des talents que le travail cultive,*
> *A ce premier pas à pas on arrive;*
> *Et le public, que sa bonté prévient,*
> *Pour quelque temps s'y fixe et s'y maintient:*
> *Mais ébloui enfin par l'étincelle*
> *De quelque mode inconnue et nouvelle,*
> *L'ennui du beau nous fait aimer le laid,*
> *Et préférer le moindre au plus parfait.*

(*Jedes Werk, jede Kunst, jede Ordnung, die der Macht der Phantasie
unterworfen ist, muß folglich auch allen unseren verschiedenen Geschmacksrichtungen unterworfen sein. Aber die außerordentliche Un-
gleichheit dieser Geschmacksrichtungen ist, genaugenommen, ein un-
bedeutendes Problem: Und was man auch sagt, man würde immer
nur zwei von ihnen zählen [anerkennen] können: die eine als die
gute, die andere als die schlechte. Durch Gaben, die der Fleiß ver-
edelt, kommt man der ersten Schritt für Schritt näher, und das Publikum, von seinen guten Neigungen gelenkt, richtet sich für einige Zeit
danach und hält sich daran: aber geblendet von den Funken irgend-
einer unbekannten neuen Mode, läßt uns der Überdruß am Schönen
schließlich das Häßliche lieben und das Geringste dem Vollkommenen
vorziehen.*)

so muß ich mich doch, zu Vermeidung der Weitläuftigkeit, nur auf die scheinbarsten einschränken.

„Die Komödie ist das Bild der Handlungen des gemeinen Lebens oder, wenn man lieber will, der gewöhnlichen Laster oder Tugenden, die den Zirkel desselben erfüllen. In der Schilderung sowohl der guten als schlechten Eigenschaften bestehet daher ihre wesentliche Beschaffenheit. Das Porträt der Menschen mit Genauigkeit entwerfen, ihre Gemütsneigungen und Gesinnungen auf das deutlichste ausdrücken und diese Gemälde zum Vorteile der Sitten anwenden; das heißt, auf einmal die großen Gegenstände der Kunst und des Künstlers fassen[12].“

Obschon diese Grundsätze, überhaupt betrachtet, wahr sind, so können sie doch nicht anders als auf eine ganz indirekte Weise auf die komische Dichtkunst angewendet werden. Die Menschen malen und ihre Gemütsarten mit Genauigkeit ausdrücken ist ein Zweck, den auch die La Rochefoucaulds und die La Bruyères[13] mit ihr gemein haben, die uns zwar Gemälde von Lastern und Tugenden überhaupt, niemals aber dramatische Gedichte haben liefern wollen. Die Schilderungen der guten und bösen Eigenschaften macht also nicht an und für sich selbst das Wesen der Komödie aus; die Wahl und die Mischung der Farben, die Stellung und der Ausdruck der Personen, diese sind es, die ihr vornehmlich Namen, Form und Wesen erteilt haben.

Man muß daher den Gegenstand der Kunst und die Pflicht des Künstlers wohl unterscheiden. Der erstre ist durch den Tadel des Lasters und durch die Anpreisung der Tugend genugsam erfüllet. Der andern aber ein Genüge zu tun, muß der Poet sich notwendig solcher Farben bedienen, welche sowohl den allgemeinen Lastern, dergleichen die Leidenschaften sind, die ihren Ursprung aus dem Herzen haben, als den besondern Lächerlichkeiten, dergleichen die törigten Moden sind,

12. Aus welchem Werk dieses Zitat stammt, konnte nicht ermittelt werden.

13. Gemeint sind die Werke ‚*Maximes et réflexions morales*‘ (1665) von François duc de La Rochefoucauld (1613–80) und ‚*Les Caractères de Théophraste, traduits du grec, avec les caractères ou les mœurs de ce siècle*‘ (1688) von Jean de La Bruyère (1645–96).

die ihre Quelle in dem Verstande haben, eigentümlich zukommen. Ferner muß er dazu eine anständige Handlung erwählen; er muß sie so einzurichten wissen, daß sie die vorteilhaftesten Wirkungen hervorbringen kann, und muß überall Moral, vermittelst der spielenden Personen, mit einstreuen, welche Vernunft und Erfahrung zu dieser Absicht einmütig bestimmt zu haben scheinen.

Nun ist es aber ganz und gar keine Frage, ob diese Moral aus dem Helden des Stücks fließen soll, oder ob sie vielmehr der Gegenstand aller Züge des Tadels und des Scherzes sein soll. Die neue Gattung scheint die erstre Methode angenommen zu haben: allein, sowohl die Grundsätze als die Beispiele sind gleich stark darwider. Nach den Grundsätzen ist die Komödie bestimmt, uns mehr Laster und Ungereimtheiten, die wir vermeiden, als Tugenden, die wir nachahmen sollen, vorzustellen; und nach den Beispielen kömmt es den Nebenpersonen zu, die Maximen der Weisheit anzubringen. So hat Molière dem Freunde des Misanthropens, dem Schwager des Orgons, dem Bruder des Sganarelle[14] etc. die Sorge aufgetragen, uns die Grundsätze der Tugenden vorzulegen, die er zu dem Gegenstande unsrer Nachahmung machen wollte; seine Originale aber hat er mit allen Zügen der Satire, des Tadels und des Lächerlichen überhäuft, von welchen er glaubte, daß sie sowohl zu unserm Ergötzen als zu unserm Unterrichte dienen könnten.

Aus dem, was ich jetzt gesagt, folgt unwidersprechlich, daß das Original einer wahren Komödie keine gänzlich tugendhafte Person sein könne, wie es die Originale der neuen Gattung sind, und daß dieses ein eingewurzelter Übelstand ist, vor dem uns alle Schönheiten der Ausführung niemals gänzlich die Augen verblenden können. Vergebens wirft man ein, daß die satirischen Züge, womit man die Originale überhäuft, nicht mehr zum Zwecke treffen; und daß sie unsre Eigenliebe auf andre uns umgebende Gegenstände abzuwenden wisse. Umsonst wird man uns zu überreden suchen, daß die neuen komischen Dichter eben darum desto mehr Lob verdien-

14. Gestalten aus Molières Komödien ‚Le Misanthrope‘, ‚Le Tartuffe‘ und ‚Le Médecin malgré lui‘.

ten, weil sie anstatt der lasterhaften Charaktere lauter
Personen, die voller Empfindungen der Ehre wären, ein-
geführet hätten; daß wir tugendhaften Maximen unser
Herz von selbst aufschlössen und sie mit Vergnügen uns
einflößen ließen, wenn man nur ein wenig uns auf der
rechten Seite zu fassen wüßte[15]. Alle diese Gründe sind
verfänglicher als wahr, blendender als gründlich. Lasset
sie uns einmal aus ihren Wirkungen beurteilen, denn
diese sind sicherer als alle Vernünftelei.

Was hat denn nun jene leichte und hochmütige Aus-
kramung schöner und großer Gesinnungen den Sitten
genützt? Was für Wirkungen hat denn jene glänzende
Moral auf unsre Herzen und auf unsern Verstand gehabt? Eine unfruchtbare Bewunderung, eine Blendung
auf wenige Augenblicke, eine überhingehende Bewegung,
welche ganz unfähig ist, uns in uns selbst gehen zu lassen. So viele auf das allerfeinste vorbereitete Sitten-
sprüche, so viel zierlich ausgekramte Vorschriften sind
für die Zuschauer völlig in Wind gesagt. Man bewundert
Mélaniden und bedauert sie: allein, ihr unaufhörlich
kläglicher Ton und die Erzählung ihrer romanhaften
Zufälle machen auf uns keinen nützlichen Eindruck, weil
sie mit der Stellung, worinne wir uns befinden, ganz und
gar keine Gemeinschaft haben. Das Schicksal der Auf-
seherin[16] bewegt und rühret uns, allein, ihre ganz besondern Umstände haben mit den unsrigen gar nichts
gemein. Wir treffen in uns selbst nichts an, was wir mit
den Abenteuern in Vergleich bringen können, die bloß
unter die möglichen Dinge gehören und also gar nicht für
uns gemacht zu sein scheinen. Man wird, wenn man es ja
gestehen muß, bei dem Anblicke so sinnreicher Gemälde
ergriffen, durchdrungen, bewegt; allein, man fühlet für uns
selbst in diesem Zusammenflusse von Begebenheiten, mit
welchen der ordentliche Lauf menschlicher Dinge uns gewiß verschonen wird, weder Reue noch Scham, noch Furcht.

Ganz anders ist es mit den Schilderungen bewandt,
welche der Dichter von den Lastern und von dem Lä-

---

15. So argumentierte der ‚Lettre sur Mélanide‘.
16. Gemeint ist die Titelgestalt in La Chaussées Komödie ‚La Gou-
vernante‘.

cherlichen macht; sie finden bei uns allen statt, und auch der vollkommenste Mensch trägt sowohl in seinem Verstande als in seinem Herzen beständig den Samen gewisser Ungereimtheiten und gewisser Fehler, welche sich bei Gelegenheit entwickeln. Wir finden uns also in dem Gemälde solcher mit der Menschheit verbundenen Schwachheiten getroffen und sehen darinne, was wir sind oder wenigstens sein können. Dieses Bild, welches zu dem unsrigen wird, ist eines von den einnehmendsten Gegenständen und erleuchtet unsre Seelen mit gewissen Lichtstrahlen, die desto heilsamer sind, je fähiger ihre Ursache, die Furcht vor der Schande und dem Lächerlichen, zu sein pflegt, uns zu heilsamen Entschließungen zu bewegen. So ward der stolze und unversöhnliche Haufe der Heuchler durch das Gemälde von den Lastern des *,Scheinheiligen Betriegers'* zu Boden geschlagen. Tausend Schuldige wurden in Harnisch gejagt und beklagten sich mit so viel größerer Bitterkeit, je empfindlicher sie waren getroffen worden. Bei den Vorstellungen des *,George Dandins'* lassen auch die verhärtesten Ehemänner auf ihren Gesichtern die Bewegung spüren, die sie alsdenn empfinden, wenn ihre Umstände mit den Umständen des Originals allzusehr übereinstimmen; diese Übereinstimmungen sind nicht selten, ob sie schon durch den Mangel der Bildung oder des Genies, durch den Geschmack an Veränderungen und den Eigensinn, so vielfältig gemacht werden, als sie es durch die Verschiedenheit der Geburt sind. Die ohne Unterlaß wieder jung werdenden Schilderungen der Diafoiren[17] haben vielleicht nicht wenig dazu beigetragen, daß die Ärzte ihren blinden Eigensinn für die alte Methode verlassen haben, ohne daß sie eben zu jenen kühnen Versuchen wären gereizt worden, von welchen man schalkhaft genug vorgibt, daß wir dann und wann derselben Opfer sein müßten. Und wem ist endlich unbekannt, daß die muntern und beißenden Züge der *,Gelehrten Weiber'* und der *,Kostbar Lächerlichen'* auf das plötzlichste das schöne Geschlecht von diesen zwei Unsinnigkeiten abgebracht haben?

17. Diafoirus ist der Name eines lächerlichen Arztes in Molières Komödie *,Le Malade imaginaire'.*

Ich gebe zu, daß andre Charaktere, welche ebensowohl getroffen waren, keine so merkliche Wirkungen gehabt haben. Der ,*Eingebildete Kranke*' hat nicht alle
Organs von ihren Dünsten befreiet; es sind nicht alle
Menschenfeinde gesellschaftlicher, noch alle Grafen von
Tufière[18] bescheidner geworden. Allein, was ist der
Grund davon? Er ist dieser: weil die Fehler von dieser
Art das rechtschaffne Wesen nicht angreifen, und weil
man sogar in der Welt Leute antrifft, die sich eine Ehre
daraus machen. Zärtliche Leibesbeschaffenheiten setzen
gemeiniglich zärtliche Seelen voraus. Eine strenge und
unwillige Gemütsart ist fast immer mit viel Rechtschaf-
fenheit verbunden; der Herzog von Montausier hielt es
nicht für seiner unwürdig, ein Menschenfeind zu sein[19].
Und ein gewisser Stolz endlich entstehet nicht selten aus
einer vernünftigen Empfindung seiner eignen übersehen-
den Größe. Das Vorurteil ringet bei solchen Gelegen-
heiten glücklich mit den Spöttereien des Tadels, da es
gegenteils gegen die komische Schilderung eines Lasters
des Herzens oder einer Lächerlichkeit im gesellschaft-
lichen Leben oder einer Ungereimtheit des Verstandes
gewiß nicht bestehen wird. Der Gegenstand der beschä-
menden Bemerkungen der Zuschauer will man durchaus
nicht sein, es koste auch, was es wolle; und wenn man
sich auch nicht wirklich bessert, so ist man doch gezwungen, sich zu verstellen, damit man öffentlich weder für
lächerlich noch für verächtlich gehalten werde.

Und so wären wir denn endlich auf die letzte Aus-
flucht gebracht, welche über alle Beispiele und Gründe
sieget. Diese neue komische Gattung, sagt man, gefällt;
das ist genug, und die Regeln tun dabei nichts[20].

Man berufe sich nicht zur Bestätigung dieser zu allgemeinen und eben deswegen gefährlichen Maxime auf

18. Hauptgestalt in Philippe Néricault Destouches' (1680–1754)
Komödie ,*Le Glorieux*'.
19. Der Herzog von Montausier war Erzieher des Grand Dauphin
am Hofe Ludwig XIV. Manche seiner Zeitgenossen behaupteten, er
sei das Vorbild für die Gestaltung des Alceste in Molières Komödie
,*Le Misanthrope*' gewesen.
20. So hatte La Chaussée im Prolog zu seiner Komödie ,*Amour
pour Amour*' argumentiert.

den Einfall Sr. Hoheit des Prinzen über die regelmäßige, aber verdrüßliche Tragödie des Abts von Aubignac. Die Anwendung der Regeln verursachte den Fall dieses Stücks gar nicht; sondern die schlechte Colorite seines Pinsels schlug es nieder[21]. Doch weil ich mir vorgenommen habe, meinen Gegnern nur solche Gründe entgegenzusetzen, von welchen ich selbst überzeugt bin, so will ich es ihnen vorläufig einräumen, daß das Kläglich-Komische große Bewegungen und oft angenehme Empfindungen verursache. Allein, wenn ich auf einen Augenblick die ganze Frage dahinaus laufen lasse, bei welcher Gattung das größere Vergnügen anzutreffen sei, so behaupte ich, daß jene neuere uns kein so mannigfaltiges und natürliches Vergnügen verschaffen könne als die Gattung, welche in dem Jahrhunderte des Molière herrschte.

Zuerst findet man in den weinerlichen Komödien alle die rührungslosen leeren Plätze, die man bei Lesung eines Romans findet. Sie sind ebenso wie diese mit erzwungnen Verwicklungen, mit außerordentlichen Stellungen, mit übertriebenen Charakteren angefüllt, welche oft wahrer als wahrscheinlich sind; und wenn sie in unsrer Seele jene, nichts weniger als willkürliche, Bewegungen verursachen, die sie auf einige Augenblicke bezaubern, so kömmt es daher, weil wir bei dem Anblicke auch der erdichtesten Gegenstände gerührt werden, wenn sie nur mit Kunst geschildert wird. Allein, man merke wohl, daß die Rührungen weder so einnehmend sind noch ebendieselbe Dauer und ebendenselben Charakter der Wahrheit haben, welchen die getreue Nachahmung einer aus dem Innersten der Natur geschöpften Stellung hervorbringt.

In der Tat, wenn die dramatischen Erdichtungen uns um so viel lebhafter rühren, je näher sie der Wirklichkeit kommen, so müssen die Erdichtungen der neuen Gattung so viel schwächere Eindrücke machen, je entgegengesetz-

---

21. François Hédelin abbé d'Aubignac (1604–76) war der Verfasser der in seiner Zeit überaus angesehenen *'Pratique du Théâtre'* (1657). – Der Prinz von Condé soll über d'Aubignacs Tragödie *'Zénobie'* (1647) gesagt haben: *„Ich weiß es zu schätzen, daß der Abt d'Aubignac den Regeln des Aristoteles so gut gefolgt ist, aber ich verzeihe es den Regeln des Aristoteles nicht, daß sie den Abt d'Aubignac gezwungen haben, eine so schlechte Tragödie zu schreiben."*

ter sie der Wahrscheinlichkeit sind. Es ist ein Wunderwerk der Kunst nötig gewesen, um uns die Abenteuer
einer Frau annehmlich zu machen, die nach siebzehn
Jahren einer heimlichen Vermählung und eines eingebildeten Gefängnisses auf einmal sich aus dem Schoße ihrer
Provinz aufmacht und nach Paris kommt, einen untreuen Mann aufzusuchen, der sie, ob er sie schon alle
Tage zu sehen bekommen könnte, doch nicht eher als bei
der Entwicklung findet[22]. So und nicht anders ist der
romanenhafte Grund beschaffen, auf welchen die Gebäude des Weinerlich-Komischen gemeiniglich aufgeführt
ist oder vielmehr notwendig aufgeführt sein muß; und
diesen muß sich der Zuschauer gefallen lassen, wenn er
anders Vergnügen daran finden will. Die Oper setzt bei
weitem nicht so viel Triebfedern in Bewegung, um uns
durch das Glänzende ihrer Auszierungen zu verblenden,
als das Kläglich-Komische Täuschungen anwendet, um eine
schmerzhaft angenehme Empfindung in uns zu erwecken.

Die Eindrücke des Vergnügens, welche das wahre
Komische hervorbringt, sind von einer ganz andern Beschaffenheit. Es geschiehet allezeit mit einem stets neuen
Vergnügen, sooft wir jene von der Natur erkannte Schilderungen, dergleichen der ‚*Menschenfeind*‘, der ‚*Geizige*‘,
der ‚*Stumme*‘, der ‚*Spieler*‘, der ‚*Mürrische*‘, der ‚*Ruhmredige*‘[23] und andre sind, wieder vorstellen sehen oder
sie aufs neue lesen. Oder, wenn wir uns in kleine Stücke
einlassen wollen, wird man es wohl jemals satt, die wahren komischen Auftritte zu sehen, zum Exempel die
Auftritte des Harpagons mit der Euphrosine, des Valers
mit dem Meister Jacob, des bürgerlichen Edelmanns mit
seinem Mädchen und seinen verschiednen Lehrmeistern,
die pedantische Zänkerei des Trissotins und des Vadius;
oder auch, in einer höhern Art, das feine und sinnreiche
Gespräch des Merkurs mit der Nacht, die verleumdrische

22. Das ist eine vergröbernde Handlungswiedergabe der ‚*Mélanide*‘.

23. Es handelt sich um Komödien von Molière; von Jean François Regnard (1655–1709), ‚*Le Joueur*‘; von David Auguste de
Brueys (1640–1723), ‚*Le Grondeur*‘; und von Destouches, ‚*Le Glorieux*‘.

Unterredung der Célimène mit dem Marquis und ihre sinnreiche Art, der spröden Arsinoé ihre spitzigen Anzüglichkeiten wieder zurückzugeben[24]? Verursachen uns wohl die am meisten glänzenden Moralien, wann sie auch bis zum Tränen getrieben werden, jemals ein so lebhaftes, ein so wahres und ein so daurendes Vergnügen?

Doch die Verringerung und Schwächung unseres Vergnügens oder die Unnützlichkeit einer ernsthaften und traurig spruchreichen Moral ist der gegründeste Vorwurf noch nicht, den man der neuen Art von Komödien machen kann: ihr vornehmster Fehler ist dieser, daß sie die Grenzen gar aufhebt, welche von jeher das Tragische von dem Komischen getrennt haben, und uns jene ungeheure Gattung des Tragikomischen zurückbringet, welche man mit so vielem Grunde, nach verschiednen Jahren eines betrieglichen Triumphs, verworfen hat. Ich weiß wohl, die neue Art hat bei weitem nicht so viele und große Ungereimtheiten; die Verschiedenheit ihrer Personen ist nicht so anstößig, und die Bedienten dürfen darinne nicht mit Prinzen zusammen spielen: allein, im Grunde ist sie doch ebenso fehlerhaft, ob schon auf eine verschiedne Weise. Denn wie die erstre Art die heroischen Personen erniedrigte, indem sie ihnen bloß gemeine Leidenschaften gab, und nur die gewöhnlichen Tugenden aufführte, die zu dem Heldenmäßigen der Tragödie lange nicht erhaben genug sind; ebenso erhöhet die andre die gemeinen Personen zu Gesinnungen, welche Bewunderung erwecken, und malt sie mit Zügen jenes reizenden Mitleids, welches das unterscheidende Eigentum des Trauerspiels ausmachet. Beide sind also dem Wesen, welches man dem komischen Gedichte zugestanden hat, gleich sehr zuwider; beide verdienen also einen gleichen Tadel und vielleicht auch eine gleiche Verbannung.

Als das Tragikomische zuerst aufkam, glaubte man, ohne Zweifel, das Gebiete der komischen Muse erweitert zu haben, und billigte also anfangs diese kühne Er-

24. Personen und Szenen aus Komödien von Molière (‚*L'Avare*‘, ‚*Le bourgeois Gentilhomme*‘, ‚*Les Femmes savantes*‘, ‚*Amphitryon*‘, ‚*Le Misanthrope*‘).

findung. Mit ebendieser Einbildung geschmeichelt, triumphieren auch jetzo die Anhänger der neuen Gattung; sie suchen sich zu überreden, der Weg der Empfindung sei gleichfalls eine von den glücklichen Entdeckungen, welche der französischen Szene den höchsten Grad der Ausschmückung gegeben habe; sie wollen durchaus nicht einsehen, daß die Empfindung, welche gewissen Gedichten, zum Exempel der Elegie und dem Hirtengedichte, so wesentlich ist, sich ganz und gar nicht mit der komischen Grundlage verbinden lasse, welche das Theater notwendig braucht, wenn sie ihren Originalen denjenigen Ton geben will, der im Ergötzen bessert. Man betriege sich hier nur nicht: wir haben zwei sehr unterschiedne Gattungen; die eine ist die nützliche und die andre die angenehme: weit gefehlt also, daß das Weinerlich-Komische eine dritte ausmache; sie schmelzt vielmehr beide Gattungen in eine einzige und machet uns ärmer, indem sie uns reicher zu machen scheinet.

Wann die wirklich komischen Fabeln gänzlich erschöpft wären, so könnte man die Erfindung der weinerlichen Charaktere noch eher vergeben, weil sie wenigstens, als eine Vermischung des Wahren und Falschen, das Verdienst haben, uns auf einen Augenblick zu rühren, wenn sie uns auch schon durch die Überlegung verdrüßlich werden: allein, es ist derselben noch eine sehr große Menge übrig, welche alle neu sind und die man, schon seit langer Zeit, auf der Bühne geschildert zu sehen gewünscht hat. Wir haben vielleicht nicht ein einziges getreues Gemälde von verschiednen Sitten und Lächerlichkeiten unsrer Zeit; zum Exempel von der gebietrischen Leutseligkeit unsrer Hofleute und von ihrem unersättlichen Durste nach Vergnügen und Gunst; von der unbesonnenen Eitelkeit und wichtigen Aufgeblasenheit unserer jungen Magistratspersonen; von dem wirklichen Geize und der hochmütigen Verschwendung unsrer großen Rentmeister; von jener feinen und manchmal ausgelassenen Eifersucht, welche unter den Hofdamen, wegen der Vorzüge des Ranges und noch mehr wegen der Vorzüge der Schönheit, herrschet; von jenen reichen Bürgerinnen, welche das Glück trunken macht und die durch ihre unverschämte Pracht den Gesetzen, dem Wohlstande und der Vernunft Hohn sprechen.

Auf diese Art würden sich tausend nützliche und glänzende Neuigkeiten dem Pinsel unsrer Dichter darbieten, wenn sie nicht von der Liebe zu dem Besondern verführt würden. Sollten sie wohl von der Schwierigkeit, solche feine Charaktere zu schattieren, welche nur eine sehr leichte Auftragung der Farben erlauben, zurückgehalten werden? Allein, könnten sie nicht, nach dem Beispiele des Molière, an den Nebenrollen dasjenige einbringen, was ihnen an der Unterstützung des Hauptcharakters abgehet? Und brauchen sie denn weniger Kunst darzu, wenn sie uns in Komödien eingekleidete Romane wollen bewundern lassen, oder weniger Genie, um sich in dem engen Bezirke, in welchen sie sich einschließen, zu erhalten? Da sie nur auf eine einzige Empfindung, des Mitleidens nemlich, eingeschränkt sind, so haben wir vielmehr zu fürchten, daß sie uns, durch die Einförmigkeit ihres Tones und ihrer Originale, Frost und Ekel erwekken werden. Denn in der Tat, wie die Erkennungen beständig mit einerlei Farben vorbereitet, herzugeführet und aufgeschlossen werden, so ist auch nichts dem Gemälde einer Mutter, welche ihr und ihrer Tochter Unglück beklagt, ähnlicher als das Bild einer Frau, welche über ihr und ihres Sohnes Unglück Tränen vergießt. Fließen aber hieraus nicht notwendig Wiederholungen, die nicht anders als verdrüßlich sein können?

Wie weit übertrifft das wahre Komische eine so unfruchtbare Gattung! Nicht allein alle Charaktere und alle Stände, nicht allein alle Laster und Lächerlichkeiten sind seinen Pfeilen ausgesetzt; sondern es hat auch noch die Freiheit, die Farben zu verändern, womit ebendieselben Originale und ebendieselben Ungereimtheiten gemalt werden können. Und auf diesem Wege findet man nirgends Grenzen; denn obschon die Menschen zu allen Zeiten einerlei Fehlern unterworfen sind, so zeigen sie dieselben doch nicht immer auf einerlei Art. Die Alten, in dieser Absicht, sind den Neuern sehr ungleich; und wir selbst, die wir in den jetzigen Tagen leben, haben mit unsern Vätern sehr wenig Ähnliches.

Zu den Zeiten des Molière und der Corneillen, besonders zu Anfange ihres Jahrhunderts, konnte man die gelehrten und witzigen Köpfe von Profession mit griechischen und lateinischen Zitationen ausgespickt, über ihre barbarischen Schriftsteller verdüstert, in ihren Sitten grob und unbiegsam und in ihrem Äußerlichen nachlässig und schmutzig vorstellen. Diese Züge passen schon seit langer Zeit nicht mehr. Das pedantische Ansehen ist mit jener tiefen Gelehrsamkeit, die aus Lesung der Originale geschöpft war, verschwunden. Man begnügt sich, wenn ich so reden darf, mit dem bloßen Vernis der Literatur[25], und den meisten von unsern Neuern ist ein leichtes und sich ausnehmendes Mundwerk anstatt der gründlichen Wissenschaft, welche ihre Vorgänger besaßen. Ihre Erkenntnis, sagt man, ist mannigfaltiger, aber eben deswegen auch unvollkommner. Sie haben, wenn man will, mehr Witz; aber vielleicht desto weniger wahres Genie. Kurz, die meisten von ihnen scheinen von den alten Gelehrten nichts beibehalten zu haben als die beklagenswürdige Erbitterung, ihre Personen und ihre Werke untereinander zu verlästern und sich dadurch in den Augen ihrer Zeitgenossen und der Nachwelt verächtlich zu machen.

Es ist also nicht sowohl die Erschöpfung der Charaktere und des Lächerlichen, noch die Begierde, nützlicher zu sein, noch die Vorstellung eines größern Vergnügens, welche uns die Gattung des Weinerlich-Komischen verschafft hat, sondern vielmehr die Schwierigkeit, den Ton des Molière zu erreichen, oder vielmehr die Begierde, unsre Bewunderung durch die glänzenden Reize der Neuigkeit zu überraschen. Diese Krankheit, welche dem französischen Genie so eigen ist, erzeugt die Moden in der Literatur und steckt mit ihren Sonderlichkeiten sowohl alle Schreibarten als alle Stände an. Unsre Neugierde will alles durchlaufen; unsre Eitelkeit will alles versuchen; und auch alsdenn, wenn wir der Vernunft

---

25. Vernis: glänzende Lackmalereien im südostasiatischen Stile, die um 1750 in Frankreich sehr beliebt waren. Im übertragenen Sinne: wirkungsvolles blendendes Auftreten, mit dem vorhandene Mängel verdeckt werden sollen.

nachgeben, scheinen wir nicht sowohl ihrem Reize als unserm Eigensinn gefolgt zu sein.

Wann diese Betrachtungen wahr sind, so ist es leicht, das Schicksal des Weinerlich-Komischen vorherzusagen. Die Mode hat es eingeführt, und mit der Mode wird es vergehen und in das Land des Tragikomischen verwiesen werden, aus welchem es gekommen ist. Es glänzet vermöge der schimmernden Blitze der Neuigkeit und wird ebenso geschwind als diese verlöschen. Das schöne Geschlecht, welches der geborne Beschützer aller zärtlichen Neuerungen ist, kann nicht immer weinen wollen, ob es gleich immer empfinden will. Wir dürfen uns nur auf seine Unbeständigkeit verlassen.

Unter die Gründe, warum man den Geschmack an dem Weinerlich-Komischen wird fahren lassen, gehöret auch noch die äußerste Schwierigkeit, in dieser Gattung glücklich zu sein: die Laufbahn ist nicht von großem Umfange, und es wird ein ebenso glänzendes und bearbeitetes Genie, als das Genie des Verfassers der ‚Mélanide‘ ist, dazu erfordert, wenn man sie mit gutem Fortgange ausfüllen will. Der Herr von Fontenelle[26] hat einen Ton, welcher ihm eigen ist und der ihm allein unvergleichlich wohl läßt; allein, es ist unmöglich oder gefährlich, ihm nachzuahmen. Der Herr de La Chaussée hat gleichfalls seinen Ton, dessen Schöpfer er ist und dem es mehr in Ansehung der Art von Unmöglichkeit, seine Fabeln nicht nachzukopieren, als in Ansehung der Schwierigkeit, sie mit ebenso vieler Kunst und mit ebenso glänzenden Farben vorzutragen, an Nachahmern fehlen wird.

Doch alle Kunst ist unnütze, wenn die Gattung an und für sich selbst fehlerhaft ist, das ist, wenn sie sich nicht auf jenes empfindbare und allgemeine Wahre gründet, welches zu allen Zeiten und für alle Gemüter verständlich ist. Aus dieser Ursache vornehmlich wird die Täuschung des neuen Komischen gewiß verschwinden; man wird es bald durchgängig überdrüssig sein, die Auskra-

---

26. Bernard Le Bouvier de Fontenelle (1657–1757). Verfasser zahlreicher poetischer, historischer und philosophischer Werke. Von seinen Dichtungen wurde besonders das Schäferspiel ‚Endymion‘ berühmt.

mung der Tugend mit bürgerlichen Abenteuern verbunden zu sehen und romanenhafte Originale die strengste Weisheit in dem nachgemachten Tone des Seneca predigen oder mit den menschlichen Tugenden, zur Nachahmung des berühmten Maximenschreibers, sinnreich zanken zu hören.

Lasset uns daher aus diesem allen den Schluß ziehen, daß keine Erfindungen vergönnt sind, als welche die Absicht zu verschönern haben, und daß die Gattung des Weinerlich-Komischen eine von den gefährlichen Erfindungen ist, welche dem wahren Komischen einen tödlichen Streich versetzen kann. Wenn eine Kunst zu ihrer Vollkommenheit gelangt ist, und man will ihr Wesen verändern, so ist dieses nicht sowohl eine in dem Reiche der Gelehrsamkeit erlaubte Freiheit als vielmehr eine unerträgliche Frechheit. Die Griechen und die Römer, unsre Meister und Muster in allen Geburten des Geschmacks, haben die Komödie vornehmlich dazu bestimmt, daß sie uns, vermittelst der Kritik und des Scherzes, zugleich ergötzen und unterrichten soll. Alle Völker Europens sind hernach dieser Weise mehr oder weniger gefolgt, so wie es ihrem eigentümlichen Genie gemäß war: und wir selbst haben sie in den Zeiten unsers Ruhmes in dem Jahrhunderte angenommen, das man so oft mit dem Jahrhunderte des Augusts in Vergleichung gestellet hat. Warum will man jetzt Thalien nötigen, die traurige Stellung der Melpomene zu borgen und ein ernsthaftes Ansehen über eine Bühne zu verbreiten, deren vornehmste Zierde allezeit Spiel und Lachen gewesen sind und beständig ihr unterscheidender Charakter sein werden?

Versibus exponi tragicis res comica non vult[27]

Horaz in der ,*Dichtkunst*‘.

---

27. *Komischer Inhalt will von tragischer Verssprache nichts wissen.*
(Vers 89, Übersetzung von W. Schöne.)

CHRISTIAN FÜRCHTEGOTT GELLERT

Abhandlung für das rührende Lustspiel
Übersetzt von Gotthold Ephraim Lessing

Man hat zu unsern Zeiten, besonders in Frankreich, eine
Art von Lustspielen versucht, welche nicht allein die
Gemüter der Zuschauer zu ergötzen, sondern auch so zu
rühren und so anzutreiben vermögend wäre, daß sie
ihnen sogar Tränen auspresse. Man hat dergleichen Komödie, zum Scherz und zur Verspottung, in der französischen Sprache *comédie larmoyante*[1], das ist die *weinerliche*, genennt, und von nicht wenigen pflegt sie als
eine abgeschmackte Nachäffung des Trauerspiels getadelt zu werden. Ich bin zwar nicht willens, alle und
jede Stücke, welche in diese Klasse können gebracht werden, zu verteidigen; sondern ich will bloß die Art der
Einrichtung selbst retten und womöglich erweisen, daß
die Komödie, mit allem Ruhme, heftiger bewegen könne.
Dacier[2] und andre, welche die von den Aristoteles ent-
worfene Erklärung weitläuftiger haben erläutern wollen, setzen die ganze Kraft und Stärke der Komödie
in das Lächerliche. Nun kann man zwar nicht leugnen,
daß nicht der größte Teil derselben darauf ankomme,
obgleich, nach dem Vossius[3], auch dieses zweifelhaft
sein könnte; allein, so viel ist auch gewiß, daß in dem
Lächerlichen nicht durchaus alle ihre Tugend bestehe.
Denn entweder sind die reizenden Stücke des Terenz
keine Komödien zu nennen, oder die Komödie hat ihre

---

1. Unter anderem auch Voltaire in der Vorrede zu seiner „Nanine‘.
2. André Dacier (1651–1722) veröffentlichte 1692 eine mit Anmerkungen und Erklärungen versehene Übersetzung der „Poetik‘ von
Aristoteles. Gellert führt in einer Fußnote die folgende Stelle daraus an: *„In seiner Definition der Komödie bestimmt Aristoteles,
welche Dinge Gegenstand ihrer Nachahmung sein können. Nur solche,
die ausschließlich lächerlich sind, denn alle anderen Arten von
Schlechtigkeit und Lastern dürfen darin nicht vorkommen, weil sie
nur Unwillen und Mitleid bewirken können, Leidenschaften, die
keinesfalls in der Komödie herrschen dürfen.“*
3. Gerhard Johann Vossius (1577–1649), holländischer Philologe
und Theologe. Er verfaßte 1647 eine Poetik mit dem Titel „De artis
poeticae natura et constitutione‘.

ernsthaften Stellen und muß sie haben, damit selbst das Lächerliche durch das beständige Anhalten nicht geschwächt werde. Denn was ohne Unterlaß artig ist, das rührt entweder nicht genug oder ermüdet das Gemüt, indem es dasselbe allzusehr rührt. Ich glaube also, daß aus der Erklärung des Aristoteles weiter nichts zu folgern ist als dieses, was für eine Art von Lastern die Komödie vornehmlich durchziehen soll. Es erhellt nemlich daraus, daß sie sich mit solchen Lastern beschäftigen müsse, welche niemandem ohne Schande, obschon ohne seinem und ohne andrer Schaden, anhängen können; kurz, solche Laster, welche Lachen und Satire, nicht aber Ahndung und öffentliche Strafe verdienen, woran sich aber doch weder Plautus noch diejenigen, die er unter den Griechen nachgeahmet hat, besonders gekehrt zu haben scheinen. Ja, man muß sogar zugestehen, daß es eine Art Laster gibt, welche gar sehr mit eines andern Schaden verbunden ist, als zum Exempel die Verschwendung, und dennoch in der Komödie angebracht werden kann, wenn es nur auf eine geschickte und kunstmäßige Art geschieht. Ich sehe also nicht, worinne derjenige Lustspieldichter sündige, welcher, in Betrachtung der Nützlichkeit, die Regeln der Kunst dann und wann beiseite setzt, besonders wenn man von ihm sagen kann:

> *Habet bonorum exemplum, quo exemplo sibi*
> *Licere id facere quod illi fecerunt putat*[4].

Es sei also immer die sinnreiche Verspottung der Laster und Ungereimtheiten die vornehmste Verrichtung der Komödie, damit eine mit Nutzen verbundene Fröhlichkeit die Gemüter der Zuschauer einnehme; nur merke man auch zugleich, daß es eine doppelte Gattung des Lächerlichen gibt. Die eine ist die stammhafte und, so zu reden, am meisten handgreifliche, weil sie in ein lautes Gelächter ausbricht; die andere ist feiner und bescheidener, weil sie zwar ebenfalls Beifall und Vergnügen erweckt, immer aber nur einen solchen Beifall und ein sol-

---

4. „*Vorbilder hat er, treffliche, nach deren Vorbild er glaubt, er dürft' es machen, wie jene es gemacht*" (Terenz, ‚*Heautontimorumenos*', Vorredner. Übersetzung von V. v. Marnitz).

ches Vergnügen, welches nicht so stark ausbricht, sondern gleichsam in dem Innersten des Herzens verschlossen bleibt. Wann nun die ausgelassene und heftige Freude, welche aus der ersten Gattung entspringt, nicht leicht eine ernsthaftere Gemütsbewegung verstattet; so glaube ich doch, daß jene gesetztere Freude sie verstatten werde. Und wenn ferner die Freude nicht das einzige Vergnügen ist, welches bei den Nachahmungen des gemeinen Lebens empfunden werden kann; so sage man mir doch, worinne dasjenige Lustspiel zu tadeln sei, welches sich einen solchen Inhalt erwählet, durch welchen es, außer der Freude, auch eine Art von Gemütsbewegung hervorbringen kann, welche zwar den Schein der Traurigkeit hat, an und für sich selbst aber ungemein süße ist. Da nun aber dieses alsdann sehr leicht geschehen kann, wenn man die Komödie nicht nur die Laster, sondern auch die Tugenden schildern läßt; so sehe ich nicht, warum es ihr nicht vergönnt sein sollte, mit den tadelhaften Personen auch gute und liebenswürdige zu verbinden und sich dadurch sowohl angenehmer als nützlicher zu machen, damit einigermaßen jener alten Klage des komischen Trupps bei dem Plautus abgeholfen werde:

> *Huius modi paucas poetae reperiunt comoedias,*
> *Ubi boni meliores fiant[5].*

Wenigstens sind unter den Alten, wie Scaliger[6] erinnert, sowohl unter den Griechen als unter den Römern, verschiedene gewesen, welche eine doppelte Gattung von Komödie zugelassen und sie in die *sittliche* und *lächerliche* eingeteilet haben. Unter der *sittlichen* verstanden sie diejenige, in welcher die Sitten, und unter der *lächerlichen*, in welcher das Lächerliche herrschte. Doch wenn man nicht allein darauf zu sehen hat, was in der Komödie zu geschehen pflegt, sondern auch auf das, was

5. Gemeint sind die Schlußworte der ‚Captivi‘, die von allen Schauspielern gesprochen werden: „*Dergleichen Spiele, worinne die Guten besser werden können, erfinden wenige Dichter*“ (Übersetzung von Lessing).

6. Julius Cäsar Scaliger (1484–1558) wurde außer durch seine literarischen Streitreden gegen Erasmus von Rotterdam durch seine ‚Poeticis, libri VII‘ (posthum 1561 erschienen) berühmt.

darinne geschehen sollte, warum wollen wir sie nicht lieber, nach Maßgebung des Trapps[7], also erklären, daß wir sagen, die Komödie sei ein dramatisches Gedicht, welches Abschilderungen von dem gemeinen Privatleben enthalte, die Tugend anpreise und verschiedene Laster und Ungereimtheiten der Menschen auf eine scherzhafte und feine Art durchziehe. Ich gestehe ganz gerne, daß sich diese Erklärung nicht auf alle und jede Exempel anwenden lasse; allein, wenn man auch durchaus eine solche verlangte, welche alles, was jemals unter dem Namen Komödie begriffen worden, in sich fassen sollte, so würde man entweder gar keine oder doch ein Ungeheuer von einer Erklärung bekommen. Genug, daß diese von uns angenommene Erklärung von dem Endzwecke, welchen die Komödie erreichen soll und auch leicht erreichen kann, abgeleitet ist und auch daher ihre Entschuldigung und Verteidigung nehmen darf.

Damit ich aber die Sache der rührenden Komödie, wo nicht glücklich, doch sorgfältig führen möge, so muß ich einer doppelten Anklage entgegengehen; deren eine dahinaus läuft, *daß auf diese Weise der Unterscheid, welcher zwischen einer Tragödie und Komödie sein müsse, aufgehoben werde*; und deren andre darauf ankömmt, *daß diejenige Komödie sich selbst zuwider wäre, welche die Affekten sorgfältig erregen wolle.*

Was den ersten Grund anbelangt, so scheint es mir gar nicht, daß man zu befürchten habe, die Grenzen beider Gattungen möchten vermengt werden. Die Komödie kann ganz wohl zu rühren fähig sein und gleichwohl von der Tragödie noch weit entfernt bleiben, indem sie weder ebendieselben Leidenschaften rege macht noch aus ebenderselben Absicht und durch ebendieselben Mittel

---

7. Joseph Trapp (1679–1747) verfaßte außer einer Vergil-Übersetzung in Blankversen (1717) die ,*Praelectiones Poeticae*‘ (1718). Gellert zitiert in einer Anmerkung daraus: „*Der Unterschied zwischen derjenigen Traurigkeit, die in der Tragödie herrscht, und derjenigen, die in der Komödie zugelassen wird, ist nämlich sehr groß. Jene verdunkelt den Tag wie ein Winterunwetter durch Wolken und Finsternis, nur von sehr seltenen und kurzen Lichtblicken unterbrochen: diese durchzieht die dramatische Handlung bisweilen, doch selten, wie einen meistens klaren Sommerhimmel mit Wolken.*‘

als die Tragödie zu tun pflegt. Es wäre freilich unsinnig,
wenn sich die Komödie jene großen und schrecklichen
Zurüstungen der Tragödie, Mord, Verzweiflung und
dergleichen, anmaßen wollte; allein, wenn hat sie dieses
jemals getan? Sie begnügt sich mit einer gemeinen, obschon seltnen, Begebenheit und weiß von dem Adel und
von der Hoheit der Handlung nichts; sie weiß nichts
von den Sitten und Empfindungen großer Helden,
welche sich entweder durch ihre erhabne Tugend oder
durch ihre außerordentliche Häßlichkeit ausnehmen; sie
weiß nichts von jenem tragischen, hohen und prächtigen
Ausdrucke. Dieses alles ist so klar, daß ich es nur ver-
dunkeln würde, wenn ich es mehr auseinandersetzen
wollte. Was hat man also für einen Grund, zu behaupten, daß die rührende Komödie, wenn sie dann und
wann Erbarmen erweckt, in die Vorzüge der Tragödie
einen Eingriff tue? Können denn die kleinen Übel,
welche sie dieser oder jener Person zustoßen läßt, jene
heftige Empfindung des Mitleids erregen, welche der
Tragödie eigen ist? Es sind kaum die Anfänge dieser
Empfindung, welche die Komödie zuläßt und auf kurze
Zeit in der Absicht anwendet, daß sie diese kleine Bewegung durch etwas Erwünschtes wieder stillen möge;
welches in der Tragödie ganz anders zu geschehen pflegt.
Doch wir wollen uns zu der vornehmsten Quelle wenden, aus welcher die Komödie ihre Rührungen herholt,
und zusehen, ob sie sich vielleicht auf dieser Seite des
Eigentums der Tragödie anmaße. Man sage mir also,
wenn rühret denn diese neue Art von Komödie, von
welcher wir handeln? Geschieht es nicht meistenteils,
wenn sie eine tugendhafte, gesetzte und außerordentliche
Liebe vorstellet? Was ist aber nun zwischen der Liebe,
welche die Tragödie anwendet, und derjenigen, welche
die Komödie braucht, für ein Unterschied? Ein sehr großer. Die Liebe in der Komödie ist nicht jene heroische
Liebe, welche durch die Bande wichtiger Angelegenheiten, der Pflicht, der Tapferkeit, des größten Ehrgeizes,
entweder unzertrennlich verknüpfet oder unglücklich
zertrennet wird; es ist nicht jene lermende Liebe, welche
von einer Menge von Gefahren und Lastern begleitet

wird; nicht jene verzweifelnde Liebe: sondern eine angenehm unruhige Liebe, welche zwar in verschiedene Hindernisse und Beschwerlichkeiten verwickelt wird, die sie entweder vermehren oder schwächen, die aber alle glücklich überstiegen werden und einen Ausgang gewinnen, welcher, wenn er auch nicht für alle Personen des Stücks angenehm, doch dem Wunsche der Zuschauer gemäß zu sein pflegt. Es ist daher im geringsten keine Vermischung der Kunst zu befürchten, solange sich nicht die Komödie mit ebenderselben Liebe beschäftiget, welche in der Tragödie vorkömmt, sondern von ihr in Ansehung der Wirkungen und der damit verknüpften Umstände ebenso weit, als in Ansehung der Stärke und Hoheit, entfernt bleibt. Denn so wie die Liebe in einem doppelten Bilde strahlt, welche auf so verschiedene Weise ausgedrückt werden, daß man sie schwerlich für einerlei halten kann; ja, wie sogar die Gewalt, die sie über die Gemüter der Menschen hat, von ganz verschiedner Art ist, so daß, wenn der eine mit zerstreuten Haaren, mit verwirrter Stirn und verzweifelnden Augen herumirret, der andere das Haar zierlich in Locken schlägt und mit lächelnd trauriger Miene und angenehm unruhigen Augen seinen Kummer verrät: ebenso, sage ich, ist die Liebe, welche in beiden Spielen gebraucht wird, ganz und gar nicht von einerlei Art und kann also auch nicht auf einerlei oder auch nur auf ähnliche Art rühren. Ja, es fehlt so viel, daß die Komödie in diesem Stücke die Rechte der Tragödie zu schmälern scheinen sollte, daß sie vielmehr nichts als ihr Recht zu behaupten sucht. Denn ob ich schon denjenigen nicht beistimme, welche, durch das Ansehen einiger alter Tragödienschreiber bewogen, die Liebe gänzlich aus der tragischen Fabel verbannen wollen; so ist doch so viel gewiß, daß nicht jede Liebe, besonders die zärtlichere, sich für sie schickt und daß auch diejenige, die sich für sie schickt, nicht darinne herrschen darf, weil es nicht erlaubt ist, die Liebe einzig und allein zu dem Inhalte eines Trauerspiels zu machen. Sie kann zwar jenen heftigen Gemütsbewegungen, welche der Tragödie Hoheit, Glanz und Bewunderung erteilen, gelegentlich beigefügt werden, damit sie dieselben bald heftiger antreibe, bald zurückhalte, nicht aber, damit sie selbst das Hauptwerk der Handlung ausmache. Dieses Gesetz, welches man der Tragödie vorgeschrieben hat und welches aus der Natur einer heroischen Tat hergeholet ist, zeiget deutlich genug, daß es allein der Komödie zukomme, aus der Liebe ihre Haupthandlung zu machen. Alles derohalben, was die Liebe, ihren schrecklichen und traurigen Teil beiseite gesetzt, im Rührenden vermag, kann sich die Komödie mit allem Recht anmaßen. Der vortreffliche Corneille erinnert sehr wohl, daß dasjenige Stück, in welchem allein die Liebe herrschet, wann es auch schon in den vornehmsten Personen wäre, keine Tragödie, sondern, seiner natürlichen Kraft nach, eine Komödie sei. Wieviel weniger kann daher dasjenige Stück, in welchem nur die heftige Liebe einiger Privatpersonen aufgeführet wird, das Wesen des Trauerspiels angenommen zu haben scheinen? Das, was ich aber von der Liebe und von dem Anspruche der Komödie auf dieselbe gesagt habe, kann, glaube ich, ebensowohl von den übrigen Stücken behauptet werden, welche die Gemüter zu bewegen vermögend sind; von der Freundschaft, von der Beständigkeit, von der Freigebigkeit, von dem dankbaren Gemüte und so weiter. Denn weil diese Tugenden denjenigen, der sie besitzt, zwar zu einem rechtschaffnen, nicht aber zu einem großen und der Tragödie würdigen Manne machen und also auch vornehmlich nur Zierden des Privatlebens sind, wovon die Komödie eine Abschilderung ist: so wird sich auch die Komödie die Vorstellung dieser Tugenden mit allem Rechte anmaßen und alles zu gehöriger Zeit und am gehörigen Orte anwenden dürfen, was sie, die Gemüter auf eine angenehme Art zu rühren, darbieten können. Allein, auf diese Art, kann man einwenden, wird die Komödie allzu frostig und trocken scheinen; sie wird von jungen Leuten weniger geliebt und von denjenigen weniger besucht werden, welche durch ein heftiges Lachen nur ihren Bauch erschüttern wollen. Was schadet das? Genug, daß sie alsdann, wie der berühmte Werenfels[8] saget, weise,

8. Der Basler Theologe Samuel W. Werenfels (1657–1740) veröffentlichte 1716 seine ‚*Oratio de comoedia*‘. Eine Übersetzung war

gelehrte, rechtschaffne und kunstverständige Männer ergötzen wird, welche mehr auf das Schickliche als auf das Lächerliche, mehr auf das Artige als auf das Grimassenhafte sehen: und wann schon die, welche nur Possen suchen, dabei nicht klatschen, so wird sie doch denen gefallen, welche, mit dem Plautus zu reden, *„pudicitiae praemium esse volunt*[9].“

Ich komme nunmehr auf den zweiten Einwurf. Rührende Komödien, sagt man, widersprechen sich selbst; denn eben deswegen, weil sie rühren wollen, können entweder die Laster und Ungereimtheiten der Menschen darinne nicht zugleich belacht werden, oder wenn beides geschieht, so sind es weder Komödien noch Tragödien, sondern ein drittes, welches zwischen beiden inneliegt und von welchem man das sagen könnte, was Ovidius von dem Minotaurus sagte:

Semibovemque virum, semivirumque bovem[10].

Dieser ganze Tadel kann, glaube ich, sehr leicht durch diejenigen Beispiele nichtig gemacht werden, welche unter den dramatischen Dichtern der Franzosen sehr häufig sind. Denn wenn Destouches, de La Chaussée, Marivaux, Voltaire, Fagan[11] und andre, deren Namen und Werke längst unter uns bekannt sind, dasjenige glücklich geleistet haben, was wir verlangen, wann sie nemlich, mit Beibehaltung der Freude und der komischen Stärke, auch Gemütsbewegungen an dem gehörigen Orte angebracht haben, welche aus dem Innersten der Handlung fließen und den Zuschauern gefallen; was bedarf es alsdann noch für andre Beweise? Doch wenn wir auch ganz und

---

1743 im 8. Band der von Gottsched herausgegebenen *‚Beyträge zu critiischen Historie der deutschen Sprache, Poesie und Beredsamkeit‘* erschienen.

9. Modifizierte Form des Schlußverses der *‚Captivi‘*:
    Qui pudicitiae esse voltis praemium,
    Plausum date.
„Und ein jeder, der von euch gute Sitten liebet, klatsche!“ (Übersetzung von Lessing.)

10. *‚Ars amatoria‘*, 2, 24. Der Minotaurus ist *„halb Mensch, halb Stier“*.

11. Barthélémy Christophe Fagan (1702–55), französischer Komödiendichter. Sein bekanntestes Werk: *‚La Pupille‘* (1734).

gar kein Exempel für uns anführen könnten, so erhellet
wenigstens aus der verschiednen Natur derjenigen Personen, welche der Dichter auf die Bühne bringt, daß
sich die Sache ganz wohl tun lasse. Denn da, wie wir
oben gezeugt haben, den bösen Sitten ganz füglich gute
entgegengesetzt werden können, damit durch die Annehmlichkeit der letztern die Häßlichkeit der erstern
sich desto mehr ausnehme; und da diese rechtschaffnen
und edeln Gemütsarten, wenn sie sich hinlänglich äußern
sollen, in schwere und eine Zeitlang minder glückliche
Zufälle, bei welchen sie ihre Kräfte zeugen können, verwickelt sein müssen: so darf man nur diese mit dem
Stoffe der Fabel gehörig verbinden und kunstmäßig ein-
flechten, wenn diejenige Komödie, die sich am meisten
mit Verspottung der Laster beschäftiget, nichtsdesto-
weniger die Gemüter der Zuhörer durch ernsthaftere
Rührungen vergnügen soll. Zwar ist allerdings eine
große Behutsamkeit anzuwenden, daß dieses zur rechten
Zeit und am gehörigen Orte und im rechten Maße ge-
schehe; ja der komische Dichter, wenn er unser Herz ent-
flammen will, muß glauben, daß jene Warnung, *„nihil
citius inarescere quam lacrimas"*[12], welche man dem Redner zu geben pflegt, ihm noch weit mehr als dem Redner
angehe. Vornehmlich hat er dahin zu sehen, daß er nicht
auf eine oder die andere lustige Szene sogleich eine ernst-
hafte folgen lasse, wodurch das Gemüt, welches sich
durch das Lachen geruhig erholt hatte und nun auf einmal durch die volle Empfindung der Menschlichkeit da-
hingerissen wird, ebenden verdrüßlichen Schmerz emp-
findet, welchen das Auge fühlt, wenn es aus einem fin-
stern Orte plötzlich gegen ein helles Licht gebracht wird.
Noch viel weniger muß einer gesetzten Person alsdann,
wenn sie die Gemüter der Zuschauer in Bewegung setzt,
eine allzu lächerliche beigesellet werden; überhaupt aber
muß man nichts von dieser Gattung anbringen, wenn
man nicht die Gemüter genugsam dazu vorbereitet hat,

---

12. *„Nichts trocknet schneller als Tränen."* Lateinische Redewen-
dung, die von vielen Rhetorikern zitiert wird. Vgl. u. a. Cicero,
‚De inventione', 1, 56; Curtius Rufus, V, 5; Quintilian, ‚Institu-
tionis Oratoriae', IV, 1.

und muß auch bei ebendenselben Affekten sich nicht allzu lange aufhalten. Wenn man also die rührenden Szenen auf den bequemen Ort versparet, welchen man alsdann, wann sich die Fabel am meisten verwirret, noch
öftrer aber, wenn sie sich aufwickelt, findet: so kann das
Lustspiel nicht nur seiner satirischen Pflicht genugtun,
sondern kann auch noch dabei das Gemüt in Bewegung
setzen. Freilich trägt hierzu der Stoff und die ganze
Einrichtung des Stückes viel bei. Denn wenn dasjenige,
was der Dichter, Glückliches oder Unglückliches, wider
alle Hoffnung sich ereignen läßt und zu den Gemütsbewegungen die Gelegenheit geben muß, aus den Sitten
der Personen so natürlich fließt, daß es sich fast nicht
anders hätte zutragen können: so überläßt sich alsdann
der Zuschauer, dessen sich Verwunderung und Wahrscheinlichkeit bemächtiget haben, er mag nun der Person
wohlwollen oder nicht, willig und gern den Bewegungen
und wird bald mit Vergnügen zürnen, bald trauren und
bald über die Zufälle derjenigen Personen, deren er sich
am meisten annimmt, für Freuden weinen. Auf diese Art,
welches mir ohne Ruhmredigkeit anzuführen erlaubt sein
wird, pflegen die Zuschauer in dem letzten Auftritte des
‚Looses in der Lotterie‘[13] gerührt zu werden. Damons Ehe-
gattin und die Jungfer Caroline haben durch ihre Sitten
die Gunst der Zuschauer erlangt. Jene hatte schon daran
verzweifelt, daß sie das Los wiederbekommen würde,
welches für sie zehntausend Taler gewonnen hatte, und
war auf eine anständige Art deswegen betrübt. Ehe sie
sich's aber vermutet, kömmt Caroline und bringt ihrer
Schwägerin mit dem willigsten Herzen dasjenige wieder,
was sie für verloren gehalten hatte. Hieraus nun entstehet zwischen beiden der edelste Streit freundschaft-
licher Gesinnungen, so wie bald darauf zwischen Caro-
linen und ihrem Liebhaber ein Liebesstreit; und da
sowohl dieser als jener schon für sich selbst, als ein angenehmes Schauspiel, sehr lebhaft zu rühren vermögend,
zugleich auch nicht weit hergeholet, sondern in der Natur
der Sache gegründet und freiwillig aus den Charakteren

13. Komödie von Gellert.

selbst geflossen sind: so streitet ein solcher Ausgang nicht allein nicht mit der Komödie, sondern ist ihr vielmehr, wenn auch das übrige gehörig beobachtet worden, vorteilhaft. Mir wenigstens scheint eine Komödie, welche, wenn sie den Witz der Zuhörer genugsam beschäftiget hat, endlich mit einer angenehmen Rührung des Gemüts schließet, nicht tadelhafter als ein Gastgebot, welches, nachdem man leichtern Wein zur Gnüge dabei genossen, die Gäste zum Schlusse durch ein Glas stärkern Weins erhitzen und so auseinandergehen läßt.

Es ist aber noch eine andre Gattung, an welcher mehr auszusetzen zu sein scheinet, weil Scherz und Spott weniger darinne herrschen als die Gemütsbewegungen und weil ihre vornehmsten Personen entweder nicht gemein und tadelhaft, sondern von vornehmem Stande, von zierlichen Sitten und von einer artigen Lebensart sind, oder, wenn sie ja einige Laster haben, ihnen doch nicht solche ankleben, dergleichen bei dem Pöbel gemeiniglich zu finden sind. Von dieser Gattung sind ungefähr die ‚*Verliebten Philosophen*‘ des Destouches, die ‚*Mélanide*‘ des La Chaussée, das ‚*Mündel*‘ des Fagan und der ‚*Sidney*‘ des Gressets[14]. Weil nun aber diejenige Person, auf die es in dem Stücke größtenteils ankömmt, entweder von guter Art ist oder doch keinen allzu lächerlichen Fehler an sich hat, so kann daher ganz wohl gefragt werden, worinne denn ein solches Schauspiel mit dem Wesen der Komödie übereinkomme? Denn obschon meistenteils auch lustige und auf gewisse Art lächerliche Charaktere darinne vorkommen, so erhellt doch genugsam aus der Überlegenheit der andern, daß sie nur der Veränderung wegen mit eingemischt sind und das Hauptwerk ganz und gar nicht vorstellen sollen. Nun gebe ich sehr gerne zu, daß dergleichen Schauspiele in den Grenzen, welche man der Komödie zu setzen pflegt, nicht mit begriffen sind; allein, es fragt sich, ob man nicht diese Grenzen um so viel erweitern müsse, daß sie auch jene Gattung dramatischer Gedichte mit in sich schließen können*.

14. Jean Baptiste Louis de Gresset (1709–77) schrieb außer dem *Sidney*‘ (1745) die Komödien ‚*Edouard*‘ (1740) und ‚*Le Méchant*‘ (1747).
* Wenn der Endzweck der Komödie überhaupt eine anständige

Wenn dieses nun der Endzweck der Komödie verstattet, so sehe ich nicht, warum es nicht erlaubt sein sollte? Das Ansehen unsrer Vorgänger wird es doch nicht verwehren? Es wird doch kein Verbrechen sein, dasjenige zu versuchen, was sie unversucht gelassen haben, oder aus ebender Ursache von ihnen abzugehen, aus welcher wir ihnen in andern Stücken zu folgen pflegen? Hat nicht schon Horatius gesagt:

> *Nec minimum meruere decus, vestigia graeca*
> *Ausi deserere*[15].

Wenn man keine andre Komödien machen darf als solche, wie sie Aristophanes, Plautus und selbst Terenz gemacht haben; so glaube ich schwerlich, daß sie den guten Sitten sehr zuträglich sein und mit der Denkungs-

Gemütergötzung ist und diese durch eine geschickte Nachahmung des gemeinen Lebens verschafft wird: so werden sich die verschiednen Formen der Komödie gar leicht erfinden und bestimmen lassen. Denn da es eine doppelte Art von menschlichen Handlungen gibt, indem einige Lachen und andre ernsthaftere Gemütsbewegungen erwecken: so muß es auch eine doppelte Art von Komödie geben, welche die Nachahmerin des gemeinen Lebens ist. Die eine muß zu Erregung des Lachens und die andre zu Erregung ernsthafter Gemütsbewegungen geschickt sein. Und da es endlich auch Handlungen gibt, die in Betrachtung ihrer verschiednen Teile und in Ansehung der verschiednen Personen, von welchen sie ausgeübt werden, beides hervorzubringen fähig sind: so muß es auch eine vermischte Gattung von Komödien geben, von welcher der ‚Cyclops‘ des Euripides und der ‚Ruhmredige‘ des Destouches sind. Dieses hat der jüngst in Dennemark verstorbene Herr Prof. [Johann Elias] Schlegel, ein Freund, dessen Verlust ich nie genug betauren kann, und ein Dichter, der eine ewige Zierde der dramatischen Dichtkunst sein wird, vollkommen wohl eingesehen. Man sehe, was in den Anmerkungen zu der deutschen Übersetzung [von Johann Adolf Schlegel] der Schrift des Herrn Batteux, ‚Les beaux Arts reduits à un même principe‘, welche vor einiger Zeit in Leipzig herausgekommen, aus einer von seinen noch ungedruckten Abhandlungen über diese Materie angeführet worden. (Anmerkung von Gellert.) – Die *„ungedruckte Abhandlung"* ist Joh. E. Schlegels Aufsatz ‚Gedanken zur Aufnahme des dänischen Theaters‘, der erst in der von 1761 bis 1770 erscheinenden Gesamtausgabe seiner Werke veröffentlicht wurde. In diesen schon 1747 entstandenen ‚Gedanken‘ hatte Schlegel mehrere Klassen von Komödien aufgestellt, von denen eine der Gattung der rührenden Komödie entspricht.

15. *„Nicht ihr schlechtester Ruhm ist da gewonnen, wo sie kühnen Mutes die griechischen Fußtapfen verließen"* (Horaz, ‚Ars poetica‘, Vers 285 f. Übersetzung von W. Schöne).

art unsrer Zeiten sehr übereinkommen möchten. Sollen
wir deswegen ein Schauspiel, welches aus dem gemeinen
Leben genommen und so eingerichtet ist, daß es zugleich
ergötze und unterrichte, als welches der ganze Endzweck
eines dramatischen Stücks ist; sollen wir, sage ich, es deswegen von der Bühne verdammen, weil die Erklärung,
welche die Alten von der Komödie gegeben haben, nicht
völlig auf dasselbe passen will? Muß es deswegen abgeschmackt und ungeheuer sein? In Dingen, welche empfunden werden und deren Wert durch die Empfindung
beurteilet wird, sollte ich glauben, müsse die Stimme der
Natur von größerm Nachdrucke sein als die Stimme der
Regeln. Die Regeln hat man aus denjenigen dramatischen Stücken gezogen, welche ehedem auf der Bühne
Beifall gefunden haben. Warum sollen wir uns nicht
ebendieses Rechts bedienen können? Und wenn es außer
der alten Gattung von Komödie noch eine andre gibt,
welche gefällt, welche Beifall findet, kurz, welche ergötzt
und nützt, übrigens aber die allgemeinen und unver-
änderlichen Regeln des dramatischen Gedichts nicht ver-
letzet, sondern sie in der Einrichtung und Einteilung der
Fabel und in der Schilderung der menschlichen Gemütsarten und Sitten genau beobachtet; warum sollten wir
uns denn lieber darüber beklagen als erfreuen wollen?
Wenn diese Komödie, von der wir handeln, abgeschmackt
wäre, glaubt man denn, daß ein so abgeschmacktes Ding
sich die Billigung sowohl der Klugen als des Volks erwerben könne? Gleichwohl wissen wir, daß dergleichen
Spiele sowohl in Paris als an andern Orten mehr als einmal mit vielem Glücke aufgeführt worden und gar
leicht den Weg zu den Gemütern der Zuhörer gefunden
haben. Wenn nun also die meisten durch ein solches
Schauspiel auf eine angenehme Art gerühret werden, was
haben wir uns um jene wenige viel zu bekümmern,
welche nichts dabei zu empfinden vorgeben? Es gibt
Leute, welchen die lustige Komödie auf keine Art ein
Genüge tut, und gleichwohl hört sie deswegen nicht auf,
gut zu sein. Allein, wird man sagen, es gibt unter den
sogenannten rührenden Komödien sehr viel trockne,
frostige und abgeschmackte. Wohl gut; was folgt aber

daraus? Ich will ja nicht ein jedes armseliges Stück verteidigen. Es gibt auch auf der andern Seite eine große Menge höchst ungereimter Lustspiele, von deren Verfassern man nicht sagen kann, daß sie die allgemeinen Regeln nicht beobachtet hätten; nur schade, daß sie, mit dem Boileau zu reden, die Hauptregel nicht innegehabt haben. Es hat ihnen nemlich am *Genie* gefehlt[16]. Und wenn dieser Fehler sich auch bei den Verfassern der neuen Gattung von Komödie findet, so muß man die Schuld nicht auf die Sache selbst legen. Wollen wir es aber gründlich ausmachen, was man ihr für einen Wert zugestehen müßte, so müssen wir sie, wie ich schon erinnert habe, nach der allgemeinen Absicht der dramatischen Poesie beurteilen. Ohne Zweifel ist die Komödie zur Ergötzung erfunden worden, weil es aber keine kunstmäßige und anständige Ergötzung gibt, mit welcher nicht auch einiger Nutzen verbunden wäre, so läßt sich auch von der Komödie sagen, daß sie nützlich sein könne und müsse. Das erstere, die Ergötzung nemlich, wird teils durch den Inhalt der Fabel selbst, teils durch die neuen, abwechselnden und mit den Personen übereinstimmenden Charaktere erlangt. Und zwar durch den Inhalt; erstlich, wenn die Erwartung sowohl erregt als unterhalten wird; und hernach, wenn ihr auf eine ganz andere Art ein Genüge geschieht, als es anfangs das Ansehen hatte, wobei gleichwohl alle Regeln der Wahrscheinlichkeit genau beobachtet werden müssen. Dieses hat so gewiß seine Richtigkeit, daß weder eine wahre noch eine erdichtete Begebenheit, wann sie für sich selbst auch noch so wunderbar wäre, auf der Bühne einiges Vergnügen erwecken wird, wenn sie nicht zugleich auch wahrscheinlich ist.

16. In den ersten Versen seiner *„Art poétique'* führt Boileau aus, daß ein Dichter ohne Begabung den Parnaß nicht erreichen könne, auch wenn er glaubt, ihn auf Grund gewissenhafter Befolgung aller Regeln der Dichtkunst bereits erstiegen zu haben. In einer den zeitgenössischen Ausgaben beigefügten Anmerkung wird die Antwort Boileaus auf die Frage wiedergegeben, ob nicht die von ihm aufgestellten Regeln überflüssig seien, da z. B. die Tragödie *„Alinde'* von La Ménardière trotz sorgfältiger Anwendung aller Regeln keinen Erfolg gehabt habe: Er sei nicht erstaunt über den geringen Erfolg des Stücks, denn der Autor habe gegen die erste und wichtigste Regel

Respicere exemplar vitae morumque iubebo
Doctum imitatorem[17].

Bei jeder Erdichtung nemlich verursacht nicht sowohl die Fabel selbst als vielmehr das Genie und die Kunst, womit sie behandelt wird, bei den Zuschauern das Vergnügen. „Denn derjenige", sagt Werenfels, „erlangt einen allgemeinen Beifall, derjenige ergötzt durchgängig, welcher alle Personen, Sitten und Leidenschaften, die er auf der Bühne vorstellen will, vollkommen und soviel möglich mit lebendigen Farben abschildert; welcher die Aufmerksamkeit der Zuhörer zu fesseln und ihrem Busen alle Bewegungen mitzuteilen weiß, die er ihnen mitzuteilen für gut befindet." Denn nicht nur deswegen gefällt die Komödie, weil sie andrer abgeschmackte und lächerliche Handlungen den Augen und Gemütern darstellet (denn dieses tut eine jede gute Satire), sondern auch weil sie eine einfache und für sich selbst angenehme Begebenheit so abhandelt, daß sie überall die Erwartung des Zuschauers unterhält und durch dieses Unterhalten Vergnügen und Beifall erwecket. Denn wie hätten sonst fast alle Stücke des Terenz, soviel wir deren von ihm übrig haben, und auch einige des Plautus, als zum Exempel die ‚Gefangnen', in welchen durch die Darzwischenkunft eines Simo, eines Chremes, eines Phädria, eines Hegio ein großer Teil derselben nicht nur nicht scherzhaft, sondern vielmehr ernsthaft wird; wie hätten sie, sage ich, sonst gefallen können? Wenn nun aber zu dem Ergötzen nicht notwendig eine lächerliche Handlung erfordert wird; wenn vielmehr eine jede Fabel, die der Wahrheit nachahmet und Dinge enthält, welche des Sehens und Hörens würdig sind, die Gemüter vergnügt: warum sollte man denn nicht auch dann und wann der Komödie einen ernsthaften, seiner Natur nach aber angenehmen Inhalt geben dürfen? „Auch alsdann empfinden wir eine

verstoßen, die verlange, daß man poetisches Genie habe (*„qui est d'avoir la génie de la poésie"*).

17. *„Aufschauen muß er* [der Dichter] *zu den Musterbildern sittlichen Lebens und Handelns; nachsinnend, nachbildend muß er es anschauen"* (Horaz, ‚*Ars poetica*', Vers 317 f. Übersetzung von W. Schöne).

wunderbare Wollust, wenn wir mit einer von den Personen in der Komödie eine genaue Freundschaft errichten, für sie bekümmert sind, für sie uns ängstigen, mit ihr Freund und Feind gemein haben, für sie stille Wünsche ergehen lassen, bei ihren Gefahren uns fürchten, bei ihrem Unglücke uns betrüben und bei ihrer entdeckten Unschuld und Tugend uns freuen[18].“ Es gibt viel Dinge, welche zwar nicht scherzhaft, aber doch deswegen auch nicht traurig sind. Ein Schauspiel, welches uns einen vornehmen Mann, der ein gemeines Mägdchen heiratet, so vor die Augen stellet, daß man alles, was bei einer solchen Liebe Abgeschmacktes und Ungereimtes sein kann, genau bemerket, wird ergötzen. Doch laßt uns diese Fabel verändern. Laßt uns setzen, der Entschluß des vornehmen Mannes sei nicht abgeschmackt, sondern vielmehr aus gewissen Ursachen löblich oder doch wenigstens zu billigen; sollte wohl alsdann die Seltenheit und Rühmlichkeit einer solchen Handlung weniger ergötzen als dort die Schändlichkeit derselben? Der Herr von Voltaire hat eine Komödie dieses Inhalts, unter dem Titel ‚Nanine‘, verfertiget, welche Beifall auf der Bühne erhalten hat; und man kann auch nicht leugnen, daß man nicht noch mehr dergleichen Handlungen, welche Erstaunen erwecken und dennoch nicht romanenhaft sind, erdenken und auf das gemeine Leben anwenden könne, als welches von dem Gebrauche selbst gebilliget wird.

Wir müssen uns nunmehr zu den guten Charakteren selbst wenden, welche hauptsächlich in der Komödie, von welcher wir handeln, angebracht werden, und müssen untersuchen, auf was für Weise Vergnügen und Ergötzung daraus entspringen könne. Die Ursache hiervon ist ohne Zweifel in der Natur der Menschen und in der wunderbaren Kraft der Tugend zu suchen. In unsrer Gewalt wenigstens ist es nicht, ob wir das, was gut, rechtschaffen und löblich ist, billigen wollen oder nicht. Wir werden durch die natürliche Schönheit und den Reiz dieser Dinge dahin gerissen: und auch der allernichtswürdigste Mensch findet, gleichsam wider Willen, an der

18. Zitate aus Werenfels’ ‚Oratio‘.

Betrachtung einer vortrefflichen Gemütsart Vergnügen, ob er sie gleich weder selbst besitzt noch sie zu besitzen sich einige Mühe gibt. Diejenigen also, aus welchen eine große und zugleich gesellschaftliche Tugend hervorleuchtet, pflegen uns so wie im gemeinen Leben also auch auf der Bühne wert und angenehm zu sein. Doch dieses würde nur sehr wenig bedeuten wollen, wenn nicht noch andre Dinge dazukämen. Die Tugend selbst gefällt auf der Bühne, wo sie vorgestellt wird, weit mehr als im gemeinen Leben. Denn da bei Betrachtung und Bewunderung eines rechtschaffnen Mannes auch oft zugleich der Neid sich mit einmischet, so bleibt er doch bei dem Anblicke des bloßen Bildes der Tugend weg und anstatt des Neides wird in dem Gemüte eine süße Empfindung des Stolzes und der Selbstliebe erweckt. Denn wenn wir sehen, zu was für einem Grade der Vortrefflichkeit die menschliche Natur erhoben werden könne, so dünken wir uns selbst etwas Großes zu sein. Wir gefallen uns also in jenen erdichteten Personen selbst, und die auf die Bühne gebrachte Tugend fesselt uns desto mehr, je leichter die Sitten sind, welche den guten Personen beigelegt werden, und je mehr ihre Güte selbst, welche immer mäßig und sich immer gleichbleibt, nicht sowohl die Frucht von Arbeit und Mühe als vielmehr ein Geschenke der Natur zu sein scheint. Mit einem Worte, so wie wir bei den lächerlichen Personen der Bühne uns selbst freuen, weil wir ihnen nicht ähnlich scheinen; ebenso freuen wir uns über unsere eigne Vortrefflichkeit, wenn wir gute Gemütsarten betrachten, welches bei den heroischen Tugenden, die in der Tragödie vorkommen, sich seltner zu ereignen pflegt, weil sie von unsern gewöhnlichen Umständen allzu entfernt sind. Ich kann mir leicht einbilden, was man hierwider sagen wird. Man wird nemlich einwerfen, weil die Erdichtung alltäglicher Dinge weder Verlangen noch Bewunderung erwecken könne, so müßte notwendig die Tugend auf der Bühne größer und glänzender vorgestellet werden, als sie im gemeinen Leben vorkomme; hieraus aber scheine zu folgen, daß dergleichen Sittenschilderungen, weil sie übertrieben worden, nicht sattsam gefallen könnten. Dieses nun wäre

freilich zu befürchten, wenn nicht die Kunst dazukäme,
welche das, was in einem Charakter Maß und Ziel zu
überschreiten scheinet, so geschickt einrichtet, daß das
Ungewöhnliche wenigstens wahrscheinlich scheinet. Ein
Schauspiel, welches einem Mägdchen von geringem Stande
Zierlichkeit, Witz und Lebensart geben wollte, würde
den Beifall der Zuschauer wohl nicht erlangen. Denn:

> *Si dicentis erunt fortunis absona dicta,*
> *Romani tollent equites peditesque cachinnum*[19].

Allein, wenn man voraussetzt, dieses Mägdchen sei, von
ihren ersten Jahren an, in ein vornehmes Haus gekommen, wo sie Gelegenheit gefunden habe, ihre Sitten und
ihren Geist zu bessern: so wird alsdann die zuerst un-
wahrscheinliche Person wahrscheinlich. Weit weniger aber
können uns auserlesene Sitten und edle Empfindungen
bei denjenigen anstößig sein, von welchen wir wissen,
daß sie aus einer ansehnlichen Familie entsprungen sind
und eine sorgfältige Erziehung genossen haben. Die
Wahrscheinlichkeit aber ist hier nicht sowohl nach der
Wahrheit der Sache als vielmehr nach der gemeinen Meinung zu beurteilen; so daß es gar nicht darauf ankömmt,
ob es wirklich solche rühmliche Leute und wie viele es
derselben gibt, sondern daß es genug ist, wenn viele so
etwas zu sein scheinen. Dieses findet auch bei den tadelhaften Charakteren statt, die deswegen nicht zu gefallen
aufhören, ob sie schon die Beispiele des gemeinen Lebens
überschreiten[20]. So wird der ‚Geizige‘ in dem Lustspiele,

19. „Steht das Gesprochene im Mißklang mit den Erlebnissen des
Sprechers, so wird das versammelte Rom, Ritter und Gemeine, in
Hohngelächter ausbrechen“ (Horaz, ‚Ars poetica‘, Vers 112 f. Übersetzung von W. Schöne).
20. In einer Fußnote verweist Gellert an dieser Stelle auf Christ-
lob Mylius‘ ‚Untersuchung, ob man in Lustspielen die Charaktere
übertreiben solle?‘, die 1750 in den von Lessing herausgegebenen ‚Bey-
trägen zur Historie und Aufnahme des Theaters‘ erschienen war. Darin
heißt es unter anderem: „Ein komischer Dichter, welcher in einem
Charakter ein gewisses Laster recht verabscheuungswürdig und lächerlich abmalen will, der wird nimmermehr seinen Zweck glücklich erreichen, wenn er niemals dabei die Natur ein wenig aus den Augen verlieren will. Wenn er nichts auf das Theater bringt, als was er in der
einfachen Natur findet, so wird er seinen Zuschauern nichts zu hören
und zu sehen geben, als was man alle Tage in der Welt sieht und höret.“

ob er gleich weit geiziger ist als alle die Geizigen, die man alltäglich sieht, doch nicht mißfallen. Der Thraso bei dem Terenz[21] ist so närrisch, daß er den Gnatho und seine übrigen Knechte, als ob es Soldaten wären, ins Gewehr ruft, daß er sich zu ihrem Heerführer macht und einem jeden seine Stelle und seine Pflicht anweiset: ob nun aber gleich vielleicht niemals ein Soldate so großsprechrisch gewesen ist, so ist dennoch die Person des Thraso, weil sie sonst alles mit den Großsprechern gemein hat, der Wahrheit nicht zuwider. Ebendieses geschieht auch auf der andern Seite, wenn nemlich die Vortrefflichkeit einer Person auf gewisse Art gemäßiget und ihr, durch die genaue Beobachtung der Wahrscheinlichkeit in den andern Stücken, nachgeholfen wird. Es finden sich übrigens in uns verschiedne Empfindungen, welche dergleichen Charaktere glaubwürdig machen und das Übertriebne in denselben zu bemerken verhindern. Wir wünschen heimlich, daß die rechtschaffnen Leute so häufig als möglich sein möchten, gesetzt auch, daß uns nicht sowohl der Reiz der Tugend als die Betrachtung der Nützlichkeit diesen Wunsch abzwinget; und alles, was der menschlichen Natur in einem solchen Bilde Rühmliches beigeleget wird, das glauben wir, werde uns selbst beigelegt. Daher kömmt es, daß die guten Charaktere, ob sie gleich noch so vollkommen sind und alle Beispiele übertreffen, in der Meinung, die wir von unsrer eignen Vortrefflichkeit und von der Nützlichkeit der Tugend haben, ihre Verteidigung finden. Wenn nun also diese Charaktere schon des Vergnügens wegen, welches sie verursachen, billig in dem Lustspiele können gebraucht werden, so hat man noch weit mehr Ursache, sie in Betrachtung ihrer Nützlichkeit anzuwenden. Die Abschilderungen tadelhafter Personen zeigen uns bloß das Ungereimte, das Verkehrte und Schändliche; die Abschilderungen guter Personen aber zeigen uns das Gerechte, das Schöne und Löbliche. Jene schrecken von den Lastern ab; diese feuern zu der Tugend an und ermuntern die Zuschauer, ihr zu folgen. Und wie es nur etwas Geringes

---

21. In der Komödie ‚*Eunuchus*‘.

ist, wenn man dasjenige, was übel anstehet, kennet und
sich vor demjenigen hüten lernet, was uns dem allgemeinen Tadel aussetzt; so ist es gegenteils etwas sehr Großes
und Ersprießliches, wenn man das wahre Schöne erkennt
und gleichsam in einem Bilde sieht, wie man selbst beschaffen sein solle. Doch diese Kraft haben nicht allein
die Reden, welche den guten Personen beigelegt werden;
sondern auch dasjenige, was in dem Stücke Löbliches von
ihnen verrichtet und uns vor die Augen gestellet wird,
gibt uns ein Beispiel von dem, was in dem menschlichen
Leben schön und rühmlich ist. Wenn also schon dergleichen Schauspiele, dem gewöhnlichen und angenommenen
Gebrauche nach, sich mit Recht den Namen der Komödien nicht anmaßen können; so verdienen sie doch wenigstens die Freiheiten und Vorzüge der Komödie zu genießen, weil sie nicht allein ergötzen, sondern auch nützlich
sind und also denjenigen dramatischen Stücken beige-
zehlt werden können, welche Werenfels, am angeführten
Orte, mit folgenden Worten verlangt: „Endlich sollen
unsre Komödien so beschaffen sein, daß sie Plato in
seiner Republik dulden, Cato mit Vergnügen anhören,
Vestalinnen ohne Verletzung ihrer Keuschheit sehen und,
was das Vornehmste ist, Christen aufführen und be-
suchen können." Diejenigen wenigstens, welche Komödien schreiben wollen, werden nicht übel tun, wenn sie
sich unter andern auch darauf befleißigen, daß ihre
Stücke eine stärkere Empfindung der Menschlichkeit erregen, welche sogar mit Tränen, den Zeugen der Rührung, begleitet wird. Denn wer wird nicht gerne manchmal auf eine solche Art in Bewegung gesetzt werden
wollen; wer wird nicht dann und wann diejenige Wollust,
in welcher das ganze Gemüt gleichsam zerfließt, derjenigen vorziehen, welche nur, so zu reden, sich an den
äußern Flächen der Seele aufhält? Die Tränen, welche
die Komödie auspresset, sind dem sanften Regen gleich,
welcher die Saaten nicht allein erquickt, sondern auch
fruchtbar macht. Dieses alles will ich nicht darum angeführt haben, als ob jene alte fröhliche Komödie aus
ihrem rechtmäßigen Besitze zu vertreiben wäre (sie bleibe
vielmehr ewig bei ihrem Ansehen und ihrer Würde!),

sondern bloß darum, daß man diese neue Gattung in ihre
Gesellschaft aufnehmen möge, welche, da die gemeinen
Charaktere erschöpft sind, neue Charaktere und also
einen reichern Stoff zu den Fabeln darbietet und zugleich
die Art des Vortrags ändert. Wenn es Leute gibt, welche
nur deswegen den Komödien beiwohnen wollen, damit
sie in laute Gelächter ausbrechen können, so weiß ich
gewiß, daß sich die Terenze und die Destouches wenig um
sie bekümmern werden. Denjenigen aber zu mißfallen,
welche nichts als eine ausgelassene und wilde Possenlust
vergnügt, wird wohl keine allzugroße Schande sein. Es
werden auch nach uns einmal Richter kommen; und auch
auf diese sollten wir sehen. Flaccus hat schon einmal sein
kritisches Ansehen gebraucht und den Ausspruch getan:

> *At proavi vestri Plautinos et numeros et*
> *Laudavere sales, nimium patienter utrumque,*
> *Ne dicam stulte, mirati*[22].

Vielleicht werden sich auch einmal welche finden, die uns
darum tadeln, daß wir bei Annehmung des rührenden
Lustspiels uns allzu unleidlich, ich will nicht sagen, allzu
hartnäckig erwiesen haben.

---

22. „*Ich weiß, eure Vorväter haben die Verse eines Plautus wie
auch seine Witze schön gefunden. Nur allzu anspruchslos war ihre
Vorliebe für beides, fast muß ich sagen, urteilslos*" (,Ars poetica`,
Vers 270 ff. Übersetzung von W. Schöne).

ZU DEN TEXTEN

Die vorliegende Ausgabe der ‚Zärtlichen Schwestern‘
folgt dem Erstdruck in Gellerts Komödiensammlung
‚Lustspiele‘, Leipzig 1747. – Die beiden Abhandlungen
von Chassiron und Gellert gehen auf die Übersetzung
von Lessing zurück, wie sie in der Ausgabe seiner ‚Sämt-
lichen Schriften‘, herausgegeben von Karl Lachmann,
3. Aufl. besorgt durch Franz Muncker, 6. Bd., Stuttgart
1890, S. 9–49, abgedruckt sind. Für Chassirons ‚Gedanken‘, die zuerst 1749 erschienen sind, gibt Lessing als
vollständigen Titel an: ‚Réflexions sur le Comique-lar-
moyant, par Mr. M[athieu] D[e] C[hassiron]. Trésorier
de France et Conseiller au Présidial, de l’Académie de la
Rochelle; adressées à M. M. Arcere et Thylorier de la même
Académie‘. – Gellerts Abhandlung ist zuerst im Jahre 1751
unter dem Titel ‚Pro comoedia commovente‘ erschienen.

Die Anmerkungen, die von Chassiron, Gellert und
Lessing den beiden Abhandlungen beigefügt worden
sind, bedurften so zahlreicher Erklärungen, Berichtigun-
gen und Vervollständigungen, daß es sich als zweck-
mäßig erwies, sie bis auf zwei Ausnahmen, die besonders
gekennzeichnet sind, nicht von den Fußnoten des Her-
ausgebers abzuheben. Auf diese Weise wurden ein um-
ständlicher Anmerkungsapparat und ein komplizierter
Druck vermieden, ohne daß von den drei Autoren ge-
gebene Ergänzungen oder sachliche Einzelheiten dabei
verlorengegangen sind.

Orthographie und Interpunktion sind in allen Texten
dem heutigen Gebrauch angeglichen worden. Charakte-
ristische Eigenheiten der Autoren wurden jedoch beibehalten. Der Lautstand ist überall streng gewahrt. Inkon-
sequenzen in der Schreibung wurden beseitigt, ungewöhnliche Abkürzungen aufgelöst; Titel, Namen und Zitate in der Regel berichtigt beziehungsweise vervollstän-
digt. Übersetzungen fremdsprachlicher Zitate, deren Verfasser nicht genannt werden, stammen vom Herausgeber.

NACHWORT

I

Die Geschichte des deutschen Lustspiels – das ist schon häufig ausgesprochen worden – ist keine glanzvolle Geschichte. Auch in denjenigen Epochen, in welchen die Gattung des Lustspiels in Deutschland eine gewisse Blüte erlebte, sind nur sehr wenige Werke entstanden, die man den Komödien der Weltliteratur an die Seite stellen kann. Das gilt selbst für die Zeit der Aufklärung, in der sich die Komödie – nicht nur im deutschen Sprachraum, sondern in fast ganz Europa – bei Dichtern und Publikum einer Beliebtheit erfreute wie kaum je früher oder später. Allein Lessings ›Minna von Barnhelm‹ ist von den unzähligen deutschen Lustspielen aus dieser literarischen Periode nicht in Vergessenheit geraten. Alle übrigen fristen ihr Dasein heute fast ausschließlich in Literaturgeschichten, Dissertationen und Spezialuntersuchungen.

Diese Situation ist um so erstaunlicher, als die Vorstellung darüber, was eine Komödie sei, und die Prinzipien, nach denen man sie verfaßte, während der Aufklärung übernational, im ganzen literarischen Europa die gleichen waren. Das europäische Ausland kennt jedoch im Vergleich zu Deutschland mehr Dichter aus dieser Epoche, deren Werke auch heute noch relativ häufig gelesen und aufgeführt werden: England etwa William Congreve (1670–1729) und George Farquhar (1677–1707), Frankreich Pierre de Marivaux (1688 bis 1763) und Alain-René Le Sage (1668–1747), Italien Carlo Goldoni (1707–93) und Carlo Gozzi (1720–1806), Dänemark Ludwig Holberg (1684–1754), womit nur einige von vielen Namen angeführt sind. In Deutschland dagegen gelang nicht, was außerhalb seiner Grenzen verhältnismäßig häufig der Fall war: die Quantität der Komödienproduktion wenigstens teilweise durch Qualität zu rechtfertigen und damit einen Teil der Werke auch dem nicht nur historisch-literarisch orientierten Verständnis zugänglich zu machen. „*Minna von Barnhelm*‘ bleibt ein einsames Beispiel künstlerischer Meisterschaft inmitten einer Flut handwerklicher Mittelmäßigkeit. Sie allein, die erst nach dem eigentlichen Höhepunkt der Aufklärungskomödie erschien (1767), kann als Ausnahme die vielfältigen deutschen Anstrengungen um das Lustspiel (nachträglich) wenigstens zum Teil rehabilitieren.

Mit allen Kräften hat man sich in Deutschland zur Zeit der Aufklärung bemüht, Anschluß an das Niveau der europäischen Dichtung zu finden. Daß diesen Bemühungen im Bereich des Dramas und insbesondere im Komödienschaffen kein oder nur sehr geringer Erfolg beschieden war, hat verschiedene Ursachen. Zum einen fehlten in Deutschland die großen dichterischen Talente, oder sie starben, wie zum Beispiel Johann Elias Schlegel, ehe sie den Höhepunkt ihrer Schaffenskraft erreicht hatten. Zum zweiten machte sich das Fehlen einer kontinuierlichen Entwicklung der Literatur nachteilig bemerkbar. Denn die Zeit um 1730 markiert in gewissem Sinne einen Neubeginn der deutschen Literaturgeschichte, jedenfalls empfanden die Zeitgenossen es so. Man beschloß gleichsam, nach einer Periode der literarischen Verwilderung wieder Dichtung zu schaffen. Zum dritten schließlich mag auch die Entwicklung der Komödie selbst im 18. Jahrhundert einer der Gründe für den mangelnden Erfolg gewesen sein: die Entwicklung zum *rührenden Lustspiel*.

In der Mitte der vierziger Jahre des 18. Jahrhunderts hatte sich auch in Deutschland die Aufklärungskomödie zunächst in der sogenannten *sächsischen Typenkomödie* als einer scharf umrissenen Lustspielform fest etabliert. Die Werke von Gottscheds Ehefrau Louise Adelgunde Victorie (‚*Die Pietisterey im Fischbeinrocke*‘, 1736; ‚*Die ungleiche Heirath*‘, 1743; ‚*Die Hausfranzösinn*‘, 1744; ‚*Das Testament*‘, 1745), von Theodor Johann Quistorp (‚*Der Bock im Prozesse*‘, 1744; ‚*Der Hypochondrist*‘, 1745), von Johann Elias Schlegel (‚*Der geschäfftige Müßiggänger*‘, 1741; ‚*Die stumme Schönheit*‘, 1747) und von Adam Gottfried Uhlich (‚*Der Unempfindliche*‘, 1745) waren als Muster überall anerkannt. Dazu kam eine große Anzahl von Übersetzungen besonders französischer Autoren. In der Regel handelt es sich dabei nicht um einfache Übersetzungen, sondern um „Eindeutschungen" in einem sehr weiten Sinne. Namen, Spracheigentümlichkeiten, Motive, Themen usw. wurden den deutschen Verhältnissen entsprechend jeweils so stark abgeändert, daß man diese Übersetzungen, ohne den Verfasser zu kennen, ohne weiteres für ursprünglich deutsche Werke halten kann. Man vergleiche etwa nur die Übersetzungen der Komödien von Du-Fresny, Destouches, Molière und Holberg, die in Gottscheds Beispielsammlung deutscher und ausländischer Dramen, der ,*Deutschen Schaubühne nach den Regeln und Mustern der Alten*' (1740–45), enthalten sind, mit deutschen Originalwerken.

Der Einfluß der ausländischen Komödien ist entsprechend im deutschen Schaffen auch auf Schritt und Tritt zu erkennen. Gottsched hatte einen solchen Einfluß in seiner 1730 erschienenen ,*Critischen Dichtkunst*' förmlich zur Voraussetzung für die Erneuerung der deutschen Dichtung erhoben, indem er vor allem die Franzosen als die großen Vorbilder neuzeitlicher Dichtung gerühmt hatte. Er glaubte, daß sowohl die französischen Theoretiker als auch die französischen Dichter in Übereinstimmung mit den unwandelbaren Gesetzen der Kunst ständen, wie sie zuerst Aristoteles formuliert hatte.

Wie der gesamten Dichtung schrieb Gottsched auch der Komödie eine Reihe von Regeln vor, um sie auf diese Weise wieder in eine literaturfähige Gattung zu verwandeln. In den ersten zwei Jahrzehnten des 18. Jahrhunderts hatte nämlich das Drama in Deutschland alle Kennzeichen eines ernstzunehmenden Bühnenstücks verloren. Lose aneinandergefügte Handlungsteile, Verkleidungen, Maschinen und Verwandlungen aller Art, vermischt mit den Zweideutigkeiten der beliebtesten aller auftretenden Personen, des Harlekin – den Caroline Neuber 1737 unter der Einwirkung von Gottscheds Reformen von der Bühne verbannte –, befriedigten lediglich ein Schau- und Belustigungsbedürfnis.

Gottscheds ganzes Bestreben war nun darauf gerichtet, diese nur der Unterhaltung dienenden *Haupt- und*

Staatsaktionen durch eine gehobene Dramenliteratur zu ersetzen. Das hieß im Denken der Zeit, daß das Schauspiel nicht nur als Kunstwerk neu konzipiert, sondern in erster Linie, daß es zu einem nützlichen Instrument allgemeiner, moralisch-sittlicher Aufklärung entwickelt wurde.

Nirgends hat dieses Bestreben so deutlichen Ausdruck gefunden wie in der Komödie. Die Wirkung auf den Zuschauer, die ganz konkret seine Änderung und Besserung bezweckte, war Ausgangspunkt und Ziel der Kunst zugleich. Während aber der Tragödie, die von der Komödie wieder scharf abgegrenzt wird, vergleichsweise allgemeine sittlich-tugendhafte Aufgaben zugewiesen werden – Erschütterung, Erregung von Schrecken, Mitleid und Bewunderung –, hat die Komödie viel realere, handgreiflichere Ziele zu verfolgen. Sie soll dem Bürger bei der Bewältigung ganz bestimmter moralischer und gesellschaftlicher Probleme helfen. Richtet sich die Wirkung der Tragödie auf eine Vervollkommnung der allgemeinen menschlichen Tugend, so kann die Komödie eine Besserung der einzelnen menschlichen Tugenden bewirken.

Ausgehend von Aristoteles und in seinen Ansichten durch die französischen Poetologen bestärkt, definierte Gottsched die Komödie als die *„Nachahmung einer lasterhaften Handlung, die durch ihr lächerliches Wesen den Zuschauer belustigen, aber auch zugleich erbauen kann".* *Lasterhaft* und *lächerlich*, *belustigen* und *erbauen* – in diesen vier Wörtern sind Wesen und Aufgabe der Komödie der Gottschedzeit enthalten. Jeweils zwei von ihnen gehören untrennbar zusammen, in dieser zweifachen Zusammengehörigkeit sogleich die doppelte Absicht der Komödie dokumentierend: Darstellung und Wirkung.

Lasterhaft und *lächerlich*: In jeder damaligen Komödie geht es um das Verhältnis eines bürgerlichen Menschen zu seiner Umwelt. Thema der Handlung ist ein menschlicher Fehler, eine Schwäche, ein Mangel, ein Vorurteil, irgendeine Einseitigkeit, ein *„Laster"*, das ein harmonisches Verhältnis des Helden zu seiner Umwelt verhindert oder zerstört hat. Grundsätzlich handelt es sich dabei um Fehler oder Mängel, die vernünftiges Denken und Handeln sofort und ohne jede Mühe beseitigen können. (Laster entstehen nach Auffassung der Aufklärung ja überhaupt nur dann, wenn die Vernunft nicht in der rechten Weise gebraucht wird.) – Die dargestellten Untugenden und Torheiten sind immer durchaus harmloser Natur. Sie dürfen ihren Träger unter gar keinen Umständen auch nur in die Nähe eines tragischen Konflikts führen. Sie verzerren ein natürliches Verhalten lediglich ins Unsinnige, ins Lächerliche, wie eben auch die Folgen des Verhaltens einer fehlerhaften Person unsinnig, lächerlich sind. Die Untugenden zwingen die Komödiengestalt zu Handlungen, die so offenkundig der Vernunft widersprechen, daß sie komisch wirken müssen.

Belustigen und *erbauen*: Der Fehler des Helden führt zwangsläufig zu Situationskomik, die den Zuschauer als solche bereits belustigt. Das Entscheidende ist jedoch, daß es neben dieser Art der Belustigung noch eine andere gibt, die für die Aufklärer zugleich Erbauung ist. Der Zuschauer durchschaut sofort die Unvernunft des Helden. Er fühlt sich ihm daher überlegen und kann sich so über ihn amüsieren. Belustigung und Erbauung fallen in einem doppelten Erkenntnisakt zusammen: man erkennt das *„Laster“*, und man erkennt, daß ein Verhalten, wie es auf der Bühne vorgeführt wird, lächerlich ist und darum zu vermeiden sei. Man braucht sich nicht mit dem Dargestellten zu identifizieren und kann dennoch Lehren für sich und sein eigenes Leben daraus ziehen. Jede Aufklärungskomödie appelliert an die Vernunft und gleichzeitig an die Schadenfreude des Zuschauers. Man spricht darum von einer *Verlachkomödie.* Ihre Belustigung ist satirischer, ihre Erbauung moralischer Art.

Diese Definition wurde ergänzt von weiteren Vorschriften, die Gottsched in der ‚*Critischen Dichtkunst*‘ generell für die Gattung des Dramas aufstellte: die drei Einheiten, das Gesetz der fünf Akte, Wahrscheinlichkeit, Beschränkung der Personenzahl usw. Dazu kam das Gebot, daß nur Bürger, allenfalls niederer Adel in der Komödie auftreten dürften, nicht weil *„die Großen dieser Welt keine Torheiten zu begehen pflegten, die lächerlich wären; nein, sondern weil es wider die Ehrerbietung läuft, die man ihnen schuldig ist, sie als auslachenswürdig vorzustellen“.*

Unter dem Einfluß dieser engen, dem individuellen Talent des Komödiendichters wenig Spielraum gewährenden Richtlinien und unter dem Einfluß der ausländischen Vorbilder, die Regeln befolgten, die den von Gottsched postulierten entsprachen, entstanden in Deutschland in den dreißiger und vierziger Jahren des 18. Jahrhunderts Lustspiele, die einander zum Verwechseln ähnlich sind. Themen, Motive, Handlungsführung, Menschendarstellung sind bei diesen Komödien höchstens in Nuancen unterschieden. Das Spiel rollt überall nach einem bestimmten Schema ab. Die Hauptgestalt, meistens zugleich Titelfigur, stellt die mehr oder weniger vollständige Personifizierung einer fehlerhaften Eigenschaft dar. Sie ist keine Person, kein Individuum, sondern ein Charaktertyp, die Verkörperung des Geizigen, des Hypochonders, des Müßiggängers. Die Titel der Komödien geben in der Regel bereits Auskunft über die menschliche Eigenschaft, die dem Verlachen preisgegeben wird. Hebel der Handlung ist die Voraussetzung, daß die Titelfigur das zu verspottende *„Laster“* zur einzigen Richtschnur ihres Handelns macht. Sie gerät dadurch in lächerliche Situationen und zugleich in Kontrast zu ihrer Umwelt. Diese, die fast immer den Standpunkt der Vernunft vertritt, versucht, den Helden wieder zu einem vollwertigen Mitbürger zu erziehen. Dazu bedient sie sich regelmäßig einer Intrige, die wiederum fast immer von gewitzten Zofen und Dienern ersonnen wird. Erfolg oder Mißerfolg der Intrige entscheiden gleichzeitig über die Art des Komödienausgangs: entweder erkennt der Held sein *„Laster“* und sagt sich von ihm los, oder er gelangt nicht zu vernünftiger Einsicht und bleibt als verlachter und verspotteter Narr von der bürgerlichen Gesellschaft ausgeschlossen.

II

Die Dichtung der deutschen Aufklärung entstand in der Nachfolge ausländischer Vorbilder. Das brachte es mit sich, daß die verschiedenen von den geistigen Zeitströmungen abhängigen dichterischen Gehalte, Formen und Inhalte oft erst dann im Schaffen der deutschen Dichter Gestalt gewannen, wenn sie ihre größte Aktualität im Ausland bereits wieder zu verlieren begannen. So auch im Falle der Komödie. Zu der Zeit, als die *sächsische Typenkomödie* in Deutschland entstand, hatten sich in England und Frankreich Kräfte durchgesetzt, die das Aussehen ihrer Komödien schon wieder entscheidend veränderten, Kräfte, die dann allerdings auch in Deutschland sehr schnell Einfluß gewannen.

Schon zu Beginn des Jahrhunderts hatte in England eine Entwicklung eingesetzt, durch die in der Komödie mehr und mehr tugendhaft-ernste an die Stelle der lasterhaft-lächerlichen Züge traten. Der indirekte, negative Zerrspiegel wurde umgewandelt in ein direktes, positives Musterbild. Richard Steele (1672–1729) stellte zum Beispiel in seiner Komödie ‚*The Tender Husband*‘ (1705) nicht etwa die nachteiligen Folgen eines allzu „*zärtlichen*“ Ehemannes dar, wie es der Titel von der satirischen Verlachkomödie her vermuten lassen könnte, sondern beschrieb im Gegenteil Glück, Zufriedenheit, Güte und Treue, die auf Grund der „*Zärtlichkeit*“ in einen bürgerlichen Haushalt einziehen.

In dieser Wandlung des Komödiengehaltes dokumentierte sich das ebenfalls von England ausgehende und im Laufe der ersten Hälfte des 18. Jahrhunderts in ganz Europa einschließlich Deutschlands mehr und mehr erstarkende Selbstbewußtsein des Bürgertums, das sich auf der Bühne nicht nur in lächerlichen Figuren und Situationen geschildert sehen wollte. Die ‚*Moralischen Wochenschriften*‘, die ebenfalls zuerst in England erschienen, unterstützten diese Entwicklung, da sie den Bürger als moralische Person ernst nahmen, sich um seine Bildung bemühten und so sein Selbstverständnis förderten.

Zu dieser soziologisch-politischen Entwicklung trat

eine zweite, die das Gesicht der Komödie gleichfalls mit-
prägte. Auf eine Epoche einseitiger Orientierung an Vernunft und Verstand folgte jetzt eine Zeit, die dem Gefühl
mehr Rechte zugestand. Eine ausgesprochen schwärme-
risch-empfindsame Gefühlsseligkeit drang in die Dichtung
ein und wurde umgekehrt wieder von ihr begünstigt. Besonders intensiv herrschte sie im englischen Roman der
Richardson, Fielding und Sterne. Aber auch die Komödie
wurde von dieser allgemeinen Neigung zu Gefühl und
Tränen erfaßt. Es entstand ein neuer Komödientyp: in
England die *sentimental comedy*, in Frankreich die *comédie larmoyante*, in Deutschland das *rührende* oder
weinerliche Lustspiel.

   Während die englischen ‚*Moralischen Wochenschriften*‘
in Deutschland mit Gottscheds ‚*Biedermann*‘ und ‚*Vernünftigen Tadlerinnen*‘ Nachfolger fanden, der englische
Roman vom deutschen Publikum begeistert gelesen
wurde, blieb die *sentimental comedy* bis um 1750 so gut
wie unbekannt. Von ihr ging daher auch keine Einwirkung auf das deutsche Komödienschaffen aus. Dafür war
die Ausstrahlungskraft der französischen *comédie larmoyante* desto stärker. In Frankreich erreichte die neue
Komödienart zwischen 1730 und 1740 eine beherrschende
Stellung auf dem Theater. Marivaux und Destouches,
der die *sentimental comedy* während eines England-
aufenthaltes kennengelernt hatte, verarbeiteten schon
früher mehr oder weniger deutlich erkennbar einzelne
Elemente des neuen Gehaltes in ihren Werken. Nach kur-
zer Zeit hatten sich die neuen Tendenzen so gründlich
durchgesetzt, daß auch Voltaire ihnen in seinem ‚*Enfant
prodigue*‘ und in seiner ‚*Nanine*‘ Tribut zollte.

   Der unbestrittene Meister aber der *comédie larmoyante* war Pierre Claude Nivelle de La Chaussée (1692
bis 1754). Der Erfolg, den seine Komödien bei jeder
neuen Premiere errangen, war bis dahin ohne Beispiel
gewesen. La Chaussée verfolgte in seinen Stücken konse-
quent den Weg zu einer Komödie ohne Komik. Nach
‚*La Fausse Antipathie*‘ (1733), ‚*Le Préjuge à la Mode*‘
(1735) und ‚*L'Ecole des Amis*‘ (1737), in denen das komische Element zusehends verdrängt wurde, schuf er mit

‚*Mélanide*‘ (1741) ein Werk, in dem es überhaupt nicht mehr in Erscheinung tritt. Es ist die Geschichte einer Frau, die nach 16 Jahren Trennung wieder mit ihrem Ehemann zusammenfindet. Handlung und Gehalt des Stücks sind weit davon entfernt, Gelächter zu erregen. Sie akzentuieren vielmehr Werte und Eigenschaften, die bisher, wenn überhaupt, höchstens an Nebenpersonen zu erkennen waren: Großmut, Selbstlosigkeit, Mitleid, Freundschaft. Es werden Situationen geschaffen, die eigens dazu dienen, beim Zuschauer Rührung und Anteilnahme hervorzurufen. Die Komödie richtet sich nicht mehr wie bisher an den Verstand, sondern an Herz und Gemüt. Sie doziert nicht mehr über die Verwerflichkeit und Unvernunft einzelner Untugenden, sondern stellt – sich der Tragödie damit nähernd – den Wert der Tugend und der unmittelbar von ihr abhängigen positiven menschlichen Eigenschaften in den Mittelpunkt.

Im Gegensatz zu vielen Kritikern war das Publikum ohne Einschränkung bereit, den neuen Komödientyp anzuerkennen. Die Bereitwilligkeit, im Theater Tränen zu vergießen, schien grenzenlos. Die Dichter machten sich diese Situation wiederum zunutze und veröffentlichten ein Rührstück nach dem anderen. Es war nur folgerichtig, daß La Chaussée 1743 zum Beispiel auch Richardsons Roman ‚*Pamela*‘ dramatisierte.

III

In Deutschland nimmt Christian Fürchtegott Gellert die neue Bewegung auf. Er ist Begründer und zugleich Vollender des rührenden Lustspiels. Ähnlich wie bei La Chaussée kann man auch bei Gellert bereits an den Titeln seiner Komödien verfolgen, wie das rührselige Moment immer deutlicher in den Vordergrund tritt. ‚*Die Betschwester*‘ (1745) steht hinsichtlich ihres Titels noch gänzlich, hinsichtlich ihres Gehaltes in hohem Grade in der Tradition der *sächsischen Typenkomödie*. In der Komödie mit dem neutralen Titel ‚*Das Loos in der Lotterie*‘ (1747) hat das Rührende den Gehalt schon fast völlig bestimmt. Eindeutigkeit herrscht beim dritten Lustspiel

‚*Die zärtlichen Schwestern*‘ (1747), dessen Titel bezeichnenderweise das schon bei Steele anzutreffende Wort „*zärtlich*“ wieder aufnimmt.

Als seine ‚*Zärtlichen Schwestern*‘ aufgeführt wurden, war Gellert bereits ein weit über die Grenzen Leipzigs hinaus bekannter Dichter. Seine Fabeln und Erzählungen, die er seit 1741 veröffentlicht hatte, fanden überall in Deutschland ein großes Echo. Sein Ruhm als Universitätslehrer war kaum weniger verbreitet. Seine Vorlesungen über Moral und Poesie und seine in der Regel sehr didaktischen Dichtungen hatten ihm Ruf und Autorität eines Tugendlehrers der Nation eingetragen. Die in der zweiten Hälfte der vierziger Jahre erscheinenden Lustspiele und der Roman ‚*Die Schwedische Gräfin von G.*‘ steigerten den Ruhm nochmals. Viele Anekdoten legen ein beredtes Zeugnis von Gellerts großer Beliebtheit ab. Eine von ihnen berichtet, ein junger Adliger habe sich einst an ihn mit der Bitte gewandt, Gellert möchte ihm bei der Suche nach einer Braut behilflich sein, die „*wie die Schwedische Gräfin oder Lottchen in den ‚Zärtlichen Schwestern‘ ist*“.

Die ‚*Zärtlichen Schwestern*‘ sind das Lustspiel Gellerts, das die Gattung der Rührkomödie am reinsten vertritt und zugleich ihre besondere dramaturgisch-technische Eigenart – gerade im Vergleich mit der *sächsischen Typenkomödie* – am deutlichsten erkennen läßt.

Die Gestalt Lottchens vereinigt in sich alle Züge der gefühlsseligen Tugendidee, die das Denken der Zeitgenossen beherrschte und der die *rührende Komödie* vollkommen verpflichtet ist. Das Spiel dient ausschließlich der Darstellung und Veranschaulichung dieser Idee. Alle Gestalten, vornehmlich aber Lottchen, exemplifizieren vorbildlich Tugend, Selbstlosigkeit, Großmut, Opferbereitschaft – oder sie sind wirkungsvoll als negative Kontrastfiguren gestaltet. Ebenso wichtig wie diese positiven oder negativen Exemplifizierungen selbst ist die Art ihrer Durchführung. Sie zielt immer darauf ab, den Zuschauer zu rühren. Dieses Prinzip der Gestaltung ist fast überdeutlich bei Lottchens Reaktionen auf die Nachricht von Julchens angeblicher Erbschaft und auf Siegmunds Treubruch angewandt. Das tugendhafte Mädchen, das seine Liebe selbstlos über alles stellt, aber nicht heiraten kann, weil die finanziellen Mittel fehlen, eben dieses Mädchen ruft bei der Nachricht, daß seine Schwester zu bereits vorhandenem weiteres Vermögen erbt, geradezu begeistert aus: *„Wie erfreue ich mich!"* Und es fährt fort (II, 7):

> *Gönnen Sie mir doch das Vergnügen, daß ich meiner Schwester und Ihrem Herrn Mündel die erste Nachricht von dieser glücklichen Erbschaft bringen darf. Es ist meine größte Wollust, die Regungen des Vergnügens bei andern ausbrechen zu sehen.*

Dieses Verhalten rührt das Herz des Zuschauers. Auch die später erfolgende Aufklärung, daß doch Lottchen das Rittergut vermacht worden sei, ergreift ihn. Kaum hat er sich jedoch dieser „freudigen" Rührung hingegeben, wird er sofort erneut in eine wehmütig-traurige Stimmung versetzt. Denn jetzt wird wegen der Treulosigkeit Siegmunds das greifbar nahe Glück Lottchens wieder unmöglich.

Die Verwirrungen, die von der Erbschaft der Muhme ausgehen, zeigen in extenso, wie die Tugend zum Thema in der *rührenden Komödie* gemacht wird. Die beiden sich widersprechenden Nachrichten über die Erbschaft stellen die Hauptpersonen auf eine Probe, auf eine Tugendprobe. Lottchen besteht die moralische Prüfung, der sie ausgesetzt wird, vorbildlich und ohne die geringste Anstrengung. Sie ist beispielhaftes Muster eines selbstlostugendhaften Menschen. Als sie erfährt, daß doch ihr die Erbschaft zufalle, ist ihre erste, spontane Reaktion (III, 4): *„O das ist ein trauriges Glück! Wird nicht meine liebe Schwester darüber betrübt werden?"* Simon, der Lottchen mit der falschen Nachricht vorher ja mit voller Absicht einer moralischen Prüfung unterzogen hatte, kann zu ihr sagen: *„Waren Sie doch viel zufriedner, da ich Ihnen die erste und nunmehr falsche Nachricht brachte."* Ein größeres Lob gibt es für einen Menschen in einer Gellertschen Komödie nicht. – Bei Julchen führt die Tugendprobe zu einem Moment des Zögerns (III, 10): *„Meine Schwester ist es? Meine Schwester?"* Aber noch im gleichen Augenblick ruft sie sich zur Ordnung: *„Bald hätte ich sie beneidet; aber verwünscht sei diese Regung! Nein! Ich gönne ihr alles.“* – Siegmund dagegen versagt bei dieser Probe völlig. Er wird darum schließlich als *„Unwürdiger“* aus dem Kreis der Tugendhaften ausgestoßen.

Aber nicht nur im Zusammenhang mit der Erbschaft wird das Bestreben Gellerts sichtbar, mittels einer Prüfung Wert und Schönheit des tugendhaften Menschen zu demonstrieren. In fast jeder Szene bestimmt diese Technik das Geschehen. Es bedarf keineswegs immer eines Anlasses so direkter Art wie der Erbschaft, um zu zeigen, was gezeigt werden soll. Die Personen stellen sich gleichsam fortwährend „Tugendfallen“, mit denen man sich gegenseitig, wenn nicht zu tugendhaften Handlungen, so doch mindestens zu wortreichen Aussagen über seine eigene Tugendhaftigkeit provoziert. Gleich die erste Szene des Stückes bietet dafür ein Beispiel. Cleon zwingt Lottchen immer wieder dazu, sich als selbstlosen, der Tugend ganz und gar ergebenen Menschen zu erkennen zu geben. Umgekehrt fordert aber auch Lottchen eben mit ihren „Tugendbekundungen“ Cleon fortwährend zu Äußerungen heraus, die von ihrer Seite wieder neue Tugendbekenntnisse erzwingen. Dieses dialektische Hin und Her beginnt mit Cleons Worten (I, 1):

> *Du gutes Kind, du dauerst mich. Freilich bist du älter als deine Schwester und solltest also auch eher einen Mann kriegen. Aber . . .*

Lottchens Antwort, die von ihrer absoluten Großmut und Selbstlosigkeit zeugt,

> *Papa, warum bedauern Sie mich? . . . Ich mache mir eine Ehre daraus, mich an dem günstigen Schicksale meiner Schwester aufrichtig zu vergnügen und mit dem meinigen zufrieden zu sein,*

nötigt Cleon zu der Aussage:

> *Kind, wenn das alles dein Ernst ist: so verdienst du zehn Männer. Du redst fast so klug als mein Bruder und hast doch nicht studiert.*

Ein solches Lob kann Lottchens unnachahmliche Bescheidenheit natürlich nicht ohne Widerspruch hinnehmen:

*Loben Sie mich nicht, Papa. Ich bin mir in meinen
Augen so geringe, daß ich sogar das Lob eines Vaters
für eine Schmeichelei halten muß.*

Damit noch nicht genug. Diese extreme Auffassung muß
den Vater zu neuem Widerspruch reizen, der selbstver-
ständlich wieder eine „Rechtfertigung" von seiten der
Tochter verlangt. Der Dialog aus Lob, Abwehr des Lobs
und darin liegendem Zwang zu neuem Lob findet nochmals eine Fortsetzung. Auch der simpelste Zuschauer im
Saale wird danach wissen, daß Lottchen ein außerordent-
lich tugendhaftes Mädchen ist.

*C l e o n. Nun, nun, ich muß wissen, was an dir ist. Du
hast ein Herz, dessen sich die Tugend selbst nicht schämen dürfte. Höre nur ...*

*L o t t c h e n. Oh, mein Gott, wie demütigen Sie mich!
Ein Lobspruch, den ich mir wegen meiner Größe nicht
zueignen kann, tut mir weher als ein verdienter Verweis.*

Die von Gellert angewandte Technik, die den Personen immer neue Dokumentierungen ihrer Tugend er-
möglicht, formt die Einzelszene ebenso wie die Anlage
des ganzen Stücks. Sie führt dazu, daß trotz des anderen
Gehalts des *rührenden Lustspiels* die Charaktergestal-
tung nicht wesentlich über die vorher geübte Praxis
hinausreicht. Denn der nie ermüdende Eifer, sich gegenseitig an Tugendbekundungen zu überbieten, hat eine
einseitige Stilisierung der Personen zur Folge, die auf
diese Weise wiederum zu Charaktertypen werden.

Durch das Geflecht der wechselseitigen Tugendbekenntnisse, das die eigentümliche Form des *rührenden
Lustspiels* entscheidend prägt, schimmert jedoch auch
noch das dramaturgische Schema der *sächsischen Typenkomödie* hindurch. Es bestimmt vor allem den Ablauf
der Julchen-Handlung. Julchen entspricht in ihrem ein-
seitigen Bestreben, ihre „*Freiheit*" unter allen Umständen zu bewahren, dem lasterhaften Typ des sächsischen
Lustspiels. Und wie dieser mit Hilfe einer Intrige von
seinem Fehler befreit werden soll, wird auch Julchen
mit einer Intrige zu der Erkenntnis gezwungen, daß sie
ihre Freiheit falsch versteht, sofern sie sie zum Maßstab

aller Dinge setzt. Man hat wiederholt darauf hingewiesen, mit besonderem Nachdruck Fritz Brüggemann, daß es Julchen um eine innere Freiheit gehe, mit der sie die Gefühlsgebundenheit ihrer Zeit überwinden wolle und so auf erst im Sturm und Drang intensiver gestaltete Probleme vorausweise. Diese Interpretation mag geistesgeschichtlich, vom Standpunkt des a posteriori aus, zutreffen. Einer historisch-immanenten Analyse der ‚*Zärtlichen Schwestern*‘ kann sie allerdings nicht standhalten. Julchens Worte (I, 6):

> *Es kann sein, daß die Liebe viel Annehmlichkeiten hat; aber das traurige und eingeschränkte Wesen, das man dabei annimmt, verderbt ihren Wert,*

zeugen nicht von dem Willen, die sonst im Stück dargestellte Gefühlswelt zu verlassen, sondern sie charakterisieren im Gegenteil einen Standpunkt, der sich n o c h n i c h t zu eigen gemacht hat, was neues Ideal der Zeit ist. Denn das *„traurige Wesen“*, das mit der Liebe verbunden ist, wird ja gerade als das notwendig zum Glück der Liebe Gehörende herausgestellt. Es begründet geradezu die *„zärtliche“* Liebe. *„Zärtlichkeit“* der Liebe heißt einerseits, daß man auf die Verwirklichung seiner eigenen Wünsche vorbehaltlos zugunsten der des Geliebten verzichtet. Zur *„zärtlichen“* Liebe gehört andererseits aber auch unbedingt der sich im *„traurigen Wesen“* offenbarende Seelenzustand. Die Intrige hat keinen anderen Zweck, als Julchen der *„Zärtlichkeit“* zu überführen, die schon zu Beginn des Stücks in ihr angelegt ist, die nur auf Grund eines Vorurteils nicht zum Durchbruch gelangen konnte. Je deutlicher Julchen ihre Liebe zu Bewußtsein kommt, desto *„wehmütiger“*, desto *„trauriger“* wird sie.

> *Das Traurige, das sich in ihrem Bezeigen meldet, scheint mir ein Beweis zu sein, daß sie ihre Freiheit nicht mehr zu beschützen weiß (II, 3).*
> *Ich würde sagen, daß man einander durch bekümmerte Fragen und Tränen die stärkste Liebeserklärung machen kann, ohne das Wort Liebe zu nennen (II, 5).*

So kommentiert Lottchen die sich in der Schwester vollziehende Wandlung und Entwicklung.

Die Demonstration des Tugendhaft-Zärtlichen im Gewande des Wehmütigen ist in Gellerts Komödie so sehr für die Anlage der Charaktere wie für den Ablauf der Handlung ausschlaggebend, daß ihr auch die Glaubwürdigkeit einer Gestalt geopfert wird, falls dies notwendig erscheint. So wird die Einheit der Person Siegmunds ohne weiteres zerstört. Plötzlich und völlig überraschend verwandelt sich Siegmund im zweiten Akt in einen treulosen Betrüger. Seine Wandlung ist kaum die Folge einer von Gellert angestrebten psychologischen Charakterstudie, wie man mehrfach gesagt hat. Vielmehr erklärt sich der Umschwung seines Handelns und Denkens besser daraus, daß man es hier mit einer Funktionsgestalt zu tun hat, die je nach Bedarf umgewertet werden kann. Dient sie zunächst der Glorifizierung von Lottchens zärtlicher Tugend, trägt sie dann zum Gelingen der Intrige gegen Julchen bei, so spiegelt sie im letzten Drittel des Stücks indirekt die Tugendfestigkeit der übrigen Personen, die sich alle um die Entlarvung des Treulosen und um Lottchens Rettung vor dem Betrüger bemühen. Lottchen, Damis, Julchen und Simon können dadurch ihre feste Zusammengehörigkeit gegenüber allen, die die Tugend nicht zum alleinigen Richter über ihre Taten setzen, beweisen. Auch der Magister, die einzige noch ein wenig komische Gestalt, gehört zu ihnen, selbst wenn er die gefühlsbetonte Zärtlichkeit nicht kennt, darum auch mit seinen ausschließlich vom Verstand gelenkten und von Herz und Gemüt nicht beeinflußten Versuchen, Julchen umzustimmen, scheitern muß.

Wichtiger aber als alle diese Funktionen der Siegmund-Gestalt ist die Aufgabe, die sie im Hinblick auf die beim Zuschauer zu erzielende Rührung erfüllen muß. Man könnte sich gut denken, daß das Lustspiel nach Julchens Bekehrung mit zwei glücklichen Hochzeiten zu Ende ginge. In diesem Falle hätten jedoch Form und Gehalt der *sächsischen Typenkomödie* die Oberhand behalten. Die Intrige gegen Julchen hätte die Anlage des ganzen Stücks geformt, die Befreiung Julchens von einem Vorurteil den eigentlichen Gehalt ergeben. Das wird mit Siegmunds Treubruch verhindert. Eine Handlung, wie sie im zweiten Teil der ,*Zärtlichen Schwestern*' zu finden ist, gibt es in keiner *sächsischen Typenkomödie*. Sie wird allein durch Siegmunds Treubruch möglich und in Gang gesetzt. In ihrer einfachen Existenz ist sie Ausdruck des Neuen, das sich im *rührenden Lustspiel* gegenüber der traditionellen Komödie durchsetzt. Siegmund muß treulos handeln, damit Lottchen enttäuscht werden und leiden kann. Und das muß sie im Grunde nur des Zuschauers wegen. Ihr anfängliches edles Eintreten für Siegmund, ihr Sich-Sträuben gegen die Wahrheit ging dem zeitgenössischen Zuschauer ebenso zu Herzen wie ihre tapfere und eindeutige Entscheidung gegen Siegmund, nachdem sie sich nicht mehr gegen die Wahrheit sperren kann. Der von Lottchen gesprochene letzte Satz des Stücks: „*Bedauern Sie mich*", der mehr an die Zuschauer als an die Personen der Komödie gerichtet ist, kann überhaupt nur gesprochen werden, weil die Gestalt Siegmunds im Laufe des Spiels gebrochen wird. Die in diesem Satz enthaltene Aufforderung aber steht in ihrer programmatischen Kürze stellvertretend für Ziel und Absicht der *rührenden Komödie* überhaupt: die Erregung des Mitgefühls im Zuschauer.

IV

In Frankreich entbrannte mit dem Erscheinen der ersten Komödien von La Chaussée ein überaus heftiger, jahrelanger Streit, der Dichter und Kritiker in zwei sich befehdende Lager von Anhängern und Gegnern der neuen Gattung spaltete. Zu den letzteren gehörte auch Pierre-Mathieu-Martin de Chassiron (1704–67), über den nur sehr wenig bekannt ist. Er war *Schatzmeister von Frankreich,* Ehrenmitglied des Gerichtshofes und Mitbegründer der ,*Akademie für Literatur und Wissenschaft*' in La Rochelle. Außer den ,*Réflexions*' hat er eine ,*Histoire des travaux de l'Académie de La Rochelle*' veröffentlicht. – Obwohl Chassirons ,*Gedanken über das Weinerlich-Komische*' nur eine von vielen gegen die *comédie larmoyante* gerichteten Schriften waren, enthalten sie doch fast alle Argumente, die gegen La Chaussée ins Feld geführt wurden. Wie Chassiron sahen alle Gegner des neuen Komödientyps die große Tradition des französischen Lustspiels, das in Molières Werken seinen Höhepunkt erreicht hatte, bei La Chaussée abrupt abbrechen. Denn der Dichter der „*Mélanide*" hatte eine Grundposition der Poetik aufgegeben, die spätestens seit Boileaus klassizistischen Regeln für unumstößlich galt: die strenge Scheidung zwischen Tragödie und Komödie. In immer neuen Variationen wurde gegen La Chaussée der Vorwurf erhoben, er habe die klar voneinander abgegrenzten Bereiche der Musen Melpomene und Thalia in unzulässiger Weise vermischt. Nicht die künstlerische Qualität der einzelnen Komödie stand im Brennpunkt der Kritik, sondern der Verstoß gegen poetische Gesetze, die als solche die Existenz der Rührkomödie eigentlich eo ipso verboten. Darum ließ der große Erfolg der *comédie larmoyante* im Theater – ein Phänomen, das die Befürworter nicht oft genug als Beweis für die Richtigkeit ihres Standpunktes anführen konnten – die Anhänger der traditionellen Dichtungstheorie und Dramenform völlig unbeeindruckt; denn dieser Erfolg war ihrer Ansicht nach nur auf eine kurzfristige Geschmacksverirrung des Publikums zurückzuführen, das zweifellos sehr bald wieder zu besserer Einsicht gelangen und sich dann selbst korrigieren würde.

Und in der Tat gab die folgende Entwicklung diesen konservativen Kritikern mehr oder weniger recht, so wenig ihre Argumentation nach heutigen Gesichtspunkten zu überzeugen vermag. Selbst die Anhänger La Chaussées bestätigten ungewollt im Laufe der Jahre die Gattungslehre ihrer Gegner, damit aber auch die Tatsache, daß die *comédie larmoyante* in ganz Europa letztlich eine Übergangsform war. Denn auch diese Anhänger verlangten immer öfter, daß man nicht mehr von einer Form der Komödie spreche, wenn man La Chaussées Werke untersuche. Schließlich siedelten sie die *comédie larmoyante* in der Nähe der tragischen Gattung an. Sah der einflußreiche Schauspieler und Leiter des italienischen Theaters in Paris Luigi Riccoboni in der Rührkomödie noch eine Form des Lustspiels, die *„seit Jahrhunderten erwartet"* worden sei, so plädierte der Journalist Elie Cathérine

Fréron in einem ausdrücklich gegen Chassiron gerichteten Aufsatz für eine endgültige Verbannung des Komischen aus der neuen Lustspielart. Er forderte, daß die *comédie larmoyante* als eine eigene Gattung anzusehen sei, als *drame moral*. Das aber waren Gedanken, die Grundzüge von Diderots Theorie eines *drame sérieux* vorwegnahmen und der Idee eines bürgerlichen Trauerspiels sehr nahe kamen.

Anders als in Frankreich gab es in Deutschland keine mit vergleichbarer Leidenschaft geführte Auseinandersetzung. Aber auch hier mündete der mit dem *rührenden Lustspiel* eingeschlagene Weg schließlich in die Gattung der Tragödie, ins bürgerliche Trauerspiel.

Gottsched konnte der neuen Form nicht anders denn feindselig gegenüberstehen, da er wie die französischen Kritiker in ihr eine folgenschwere Vermischung des Tragischen mit dem Komischen erkennen mußte. 1741 druckte er im 7. Band der ,*Critischen Beyträge*' die ,*Regeln und Anmerkungen der lustigen Schaubühne*' des Annaberger Schulrektors Adam Daniel Richter ab, der als erster in Deutschland für eine *„tugendhafte Komödie"* eintrat. Gottsched widersprach den Ausführungen Richters sogleich in beigefügten Anmerkungen. Wenn Richter über die beabsichtigte Wirkung der *„tugendhaften Komödie"* schreibt: *„Das Lustige ... ist nichts anders als eine innerlich angenehme Bewegung des Gemüts über die empfundenen Vollkommenheiten"*, so weisen solche Worte schon deutlich auf die von Gellert später tatsächlich erreichten Wirkungen voraus. Vom Standort der klassizistischen Regeln aus antwortet Gottsched: *„Über Vollkommenheiten lachet man wohl nicht."* Die Antwort zeigt, daß die beiden Autoren im Grunde aneinander vorbeireden, da Richter den Zweck der Komödie in der *„Bewegung des Gemüts"* sieht, Gottsched aber in der Erregung des Lachens, wie es die traditionelle Komödientheorie verlangte. Wenige Seiten vorher hatte er dementsprechend die Darlegungen Richters kommentiert: *„Die Komödie will ein Lachen erwecken: aber wer lacht über tugendhafte Handlungen, wenn er nicht selbst ein Bösewicht ist?"* Auch Gottsched wendet sich also weniger gegen die Art des *rührenden Lustspiels* als solche, als vielmehr dagegen, daß man sie zur Gattung der Komödie zählt. Schließlich fordert der deutsche Gegner des *rüh-renden Lustspiels* folgerichtig etwas ganz Ähnliches wie die französischen Befürworter der *comédie larmoyante:* „*Allein, wenn es eine solche Art von Schauspielen geben kann und soll: so muß man sie nur nicht Komödien nen-nen. Sie können viel eher bürgerliche oder adeliche Trauer-spiele heißen oder gar Tragikomödien, als ein Mittelding zwischen beiden, genennet werden*" (*,Critische Dicht-kunst*', 4. Aufl. 1751).

Als Lessing 1754 die Abhandlungen von Chassiron und Gellert in seiner *,Theatralischen Bibliothek*' erneut veröffentlichte, war der Streit um die *comédie larmo-yante* in Frankreich bereits abgeebbt. In Deutschland war die auch vorher nicht sehr lebhaft verlaufene Dis-kussion praktisch versiegt, der neue Komödientyp längst eingebürgert. Gottscheds Autorität war seit einem Jahr-zehnt ständig gesunken, überdies hatte er sich ja 1751 mit dem Rührdrama abgefunden, so daß es 1754 eigent-lich niemanden mehr gab, auch unter Gottscheds Schülern nicht, der sich mit Entschiedenheit gegen das *rührende Lustspiel* geäußert haben könnte. Und genausowenig war es notwendig, sich pointiert dafür auszusprechen. Ja, schon in ihrem Erscheinungsjahr 1751 hatte Gellerts Schrift *,Pro comoedia commovente*' nur eine nachträg-liche Rechtfertigung seines sechs Jahre früher begonne-nen Komödienschaffens bedeutet, keineswegs aber ein revolutionäres Programm. 1747 hatte Gellert noch mit sehr viel mehr Recht auf den neuartigen Charakter sei-ner Lustspiele hinweisen können: „*Sollten einige an der ,Betschwester*', dem *,Loose in der Lotterie*' und den *,Zärt-lichen Schwestern*' überhaupt tadeln, daß sie eher mit-leidige Tränen als freudige Gelächter erregten: so danke ich ihnen zum voraus für einen so schönen Vorwurf*" (Vorrede der *,Lustspiele*'). Vier Jahre später war eine ähnlich aggressive Sprache nicht mehr notwendig.

Die von Lessing abermals drei Jahre später arran-gierte Gegenüberstellung eines Gegners und eines Ver-teidigers des *rührenden Lustspiels* kam daher nur einer nochmaligen Information über die gegensätzlichen

Standpunkte gleich. Chassirons Prophezeiung, die *comé-die larmoyante* fände ein „*frühes Ende*", hatte sich in ebendem Grade als falsch erwiesen wie die Vermutung Gellerts als richtig, daß „*spätere Richter*" meinen könn-ten, er habe sich der *rührenden Komödie* „*allzu hart-näckig*" angenommen. Gelassen und großzügig kann Les-sing eine Synthese aus den beiden konträren Abhand-lungen bilden: „*Das Possenspiel* [gemeint ist die satirische Verlachkomödie] *will nur zum Lachen bewegen, das weinerliche Lustspiel will nur rühren; die wahre Ko-mödie will beides.*"

INHALT

Gedichte und Fabeln
des 18. Jahrhunderts

IN RECLAMS UNIVERSAL-BIBLIOTHEK

Philipp Reclam jun. Stuttgart